PÅ SPANING EFTER
MINNEN

Copyright © Leif Södergren 2018
Grafisk Form: Leif Södergren
Omslagsfoto: Dame Anne Leslie

ISBN 978-91-982015-8-1

LEMONGULCHBOOKS
www.lemongulchbooks.com

Till

mina systrar

Ann

och

Lena

Andra böcker
av Leif Södergren:

GOTHENBURG CLOSEUPS
GÖTEBORG NÄRBILDER
2015

FOOD & FOLK
2015

A GARDEN IN GOTHENBURG
TRÄDGÅRDSFÖRENINGEN
2015

RESA I TIDEN
2014

NÄRBILDER GÖTEBORG
2014

MY DARLING OLGA:
Folke Jonsson Letters 1909-1961
2014

OLGA & FOLKE:
En bilderbok från en svunnen tid
1909-1978
2014

THE OLGA & FOLKE PICTURE BOOK:
A Pictorial Companion to
"My Darling Olga"
2014

Översättning:
SKANDALEN OM JIMMY JONES
En godnattsaga för vuxna
av Donovan O'Malley
2010

PÅ SPANING EFTER
MINNEN

LEIF SÖDERGREN

INNEHÅLL

INLEDNING 1

HANDLA 3

MAT 22

SAMHÄLLE 29

TRENDER 38

SKOLA 51

ELEKTRONIK 62

PÅ JOBBET 66

HEMMA 79

PÅ STAN 114

NÖJE 124

LITE AV VARJE 128

UTOMLANDS 140

TILL SIST 157

INLEDNING

Det vore en förfärlig förlust att berövas sina minnen. Det är ju minnet av det som hänt, jämfört med det som händer idag eller det som kan hända i framtiden, som ger material till samtal, reflektioner och skriverier.

Vissa människor är inte så intresserade av det som varit. Jag däremot tycker att det är roligt att gå tillbaka och botanisera i det förgångna.

Jag växte upp på i Göteborg på femtiotalet innan vårt ekonomiska välstånd tagit fart och innan vi hade vårt nuvarande sociala skyddsnät. Vi levde på ett annat sätt än idag, fick nöja oss med mindre. Vi levde också i ett utpräglat klassamhälle där det bockades och fjäskades för de med titlar.

På femtiotalet handlade vi över disk och när självbetjäningen tog fart på sextiotalet, insåg vi nog inte hur den skulle revolutionera handeln och våra liv. Sverige till skillnad från England och många andra länder som efter andra världskriget var utarmade, hade en unik konkurrensfördel med en intakt industri och kunde traska rakt in i ett ekonomiskt välstånd. Lilla Sverige, nyrikt, beskäftigt och berusat av framstegsoptimism och inspirerat av folkhemmets jämlikhetstankar, gjorde upp med det förgångna i ett sällan skådat, och idag för många oförklarligt, rivningsraseri. Och sextiotalets "köp-slit-och-släng" filosofi, var en utmaning till de som 15-20 år tidigare hade levt med ransonering och förnuftig återhållsamhet under andra världskriget. Det tog tid att vänja sig vid det nya. De nya TV-apparaterna gjorde sitt och snart stod vi alla där, konsumtionslystna i snabbköpskassorna och plockade på oss några extra av de där plastkassarna som var gratis.

Det är mot den bakgrunden som jag plockat fram mina minnen och reflektioner. Kanske det kan stimulera dig att plocka fram dina egna minnen. De finns där någonstans djupt i hjärnan. Det gäller bara att ta sig dit, att få nervbanornas synapser att ställa upp. Det som kommer fram kan både överraska och roa dig.

Lycka till!

Leif Södergren

HANDLA

HANDLA ÖVER DISK

Jag minns när all mat vi handlade på femtiotalet köptes över disk. Kunden stod helt still på ena sidan med en köplista i handen och på andra sidan disken fanns expediten som sprang som en skållad råtta efter varenda vara och när varan sattes på disken skrevs priset på en papperslapp. Man köpte precis det som stod på köplistan. Varorna var inte placerade för att locka kunden till inköp, de fanns på hyllorna inne på lagret eller bakom expediten. De skulle vara lätta att nå, de mest frekventa varorna låg närmast för att minska springet för expediten. En expedit på femtiotalet måste vara duktig på huvudräkning eftersom hen måste kunna räkna samman hela den långa listan som låg på disken. Det gick oftast mycket fort. När sammanräkningen var klar kunde specerihandlaren stoppa pennan bakom örat medan hen tog emot betalningen. Sedan stoppades allt ned i de medhavda shoppingväskorna.

INGA BÄRKASSAR!

Jag minns när vi handlade med stora shoppingväskor gjorda av canvastyg. Vi hade tre stycken, två beiga och en blå. Ingen använde bärkassar, de fanns bara inte. Det var helt otänkbart att bege sig ut för att handla utan en eller flera rymliga väskor. En titt på inköpslisten gav besked om det behövdes en eller flera shoppingväskor. Hos specerihandlaren på landet fanns ett litet ställ på väggen där det hängde papperskassar med rephandtag men det var ingen som skulle komma på den befängda iden att köpa en sådan när man hade behändiga shoppingväskor med sig. En del använde också en virkad nätkasse. Om det var riktigt mycket kunde speceriaffären leverera hem varorna. Det var ju inga långa sträckor och många av dem hade springpojkar. Våra väskor som stod på golvet i det rymliga skafferiet var sällan helt tomma, där fanns tomglas som vi lagt där för att de skulle returneras vid nästa inköp. De läckte och det var ofta kladdigt i botten.

SPECERIHANDLARE SVENSSON

Jag minns specerihandlaren (i vårt hörnhus på Vasagatan 5A / Haga Kyrkogatan) som ville utmärka sig. Han skyltade med vackert draperade tyger på vilka han hade placerat exotiska konserver som myror i choklad och gräshoppor. Jag kan inte erinra mig att någon köpte dessa exotiska konserver, men de drog stor uppmärksamhet till affären. Det var kul att läsa hans vackert målade skyltar som var placerade framför de märkvärdiga konserverna på det fina tyget. Man såg allt detta genom två stora skyltfönstret när man väntade på tvåans spårvagn strax utanför. Specerihandlare Svensson vars inredning var modern med teakinslag hade ett banbrytande sätt att sälja frukt. Frukt köpte man vanligtvis i fruktaffärer eller gottaffärer (inte i speceriaffärer) men specerihandlare Svensson var innovativ. Han köpte in partier med billig och delvis utgången frukt som breddes ut i ett stort berg på golvet i affären. Idag kallas det för "störtskyltning" men då hade det inget speciellt namn och var högst unikt. Priset var lågt och folk drogs dit från andra kvarter. Man skulle kunna tro att kunderna fick plocka till sig frukt i en egen påse, men se det var för modernt eller helt enkelt inte tillåtet av hälsovårdsnämnden. Se men inte röra, det var det som gällde. Vi handlade ju fortfarande "över disk" och det var bara personalen som fick fylla påsarna trots att kunderna stod mitt bland alla fruktlådorna på golvet. Tanken med den hanteringen var förståss att det skulle slinka med en och annan sekunda frukt. Det var mycket frukt som fick kasseras, det märkte vi i soptunnorna som vi delade med affären på innergården. Specerihandlaren sålde också mjölk, bröd och ost och en egen variant av falukorv och konkurrerade därmed ut mjölkaffären bredvid som sålde mjölk och bröd och de rara tanterna i vita kläder försvann.

LIKTORNSPLÅSTER HOS TANTERNA

Jag minns en liten affär på Vasagatan 7 (mitt emot där 7:ans gatukök är idag) där två snälla gamla tanter sålde nagelfilar, liktornsplåster och liknande. Inredningen var brunbetsat trä, gammaldags och det knarrade torrt när man steg in där. Belysningen var dämpad och de skira äldre damerna var oerhört förbindliga, vänliga och kolossalt tacksamma för besöket. Jag kan inte minnas att vi köpte mycket där men ibland var jag därinne med mamma. Jag undrar i efterhand hur de kunde livnära sig på den affären men på den tiden var affärshyror inte speciellt höga och förmodligen hyresreglerade vilket förmodligen gällde alla de andra affärsinnehavarna i kvarteret. Och människor var mer anspråkslösa.

TANTERNAS GODISBUTIKER

Jag minns tanter med godisbutiker över hela stan men jag minns speciellt de fem godisbutiker som låg i närheten av vår bostad. Jag kan inte erinra mig att det fanns någon man som hade en godisbutik, det var förmodligen ett sätt för ensamstående kvinnor att försörja sig i en tid när det inte fanns ett socialt skyddsnät som nu.

Det fanns tre skolor i närheten där vi bodde och därmed många kunder för tanternas godisbutiker. Anna Palm och Lotta Håkanssons affärer låg närmast oss och de var olika personligheter med sina speciella egenheter. Lotta var väldigt vänlig men ogillade att kallas för Lotta, hon ansåg att "Lotta" var en förolämpning av någon anledning och man kunde få sig en rejäl utskällning om man kallade henne Lotta. Anna kunde ibland bli riktigt sur över något som vi barn inte alltid begrep men tanterna hade vanligtvis tålamod medan vi barn tog tid på oss och valde ut våra favoriter bland smågodiset tills det blev för en krona eller två. För en krona kunde man också få fyra tablettaskar. Två i varje byxficka.

En tant som hade godisbutiken på Avenyn där Twins finns idag hade installerat ett elektroniskt lås på dörren som användes mot bråkiga tonåringar. Jag vet inte exakt hur det användes men hon lär ha låst dörren när de som var i affären bråkade för mycket. All försäljning var över disk så det var nog inte lätt att stjäla, men det fanns mycket annat de kunde hitta på.

KÖTTFÄRS

Jag minns den lokale slaktaren. Det var en förhållandevis liten affär som inte rymde speciellt många kunder men när vi köpte köttförs så malde slaktaren det i en köttkvarn som stod bakom glasskivan på disken. Man såg vad han stoppade i och vad som kom ut. Att sälja paketerat kött kom först med snabbköpsbutikerna.

GLASFLASKOR

Jag minns när mjölkflaskorna var av genomskinligt glas. Kapsylerna var i olika färger och tillverkade av stanniol, en tunnvalsad plåt av tenn som ersattes av aluminiumfolie. Flaskorna skulle returneras och de luktade surt om någon inte skjölt ur dem tillräckligt. De stoppades i shoppingbagen som stod i skafferiet tillsammans med öl och läskedrycksflaskor och returnerades i samband med nästa inköp.

Flaskorna av glas ersattes så småningom av trekantiga förpackningar av plastat papper (Tetrapack). De var svåra att hantera och man spillde lätt mjölken. Numera slipper vi trekanterna och köper mjölk i behändigare förpackningar av samma slags plastade papper. Familjen Rausing som utvecklade pappersförpackningarna är numera en av världens rikaste familjer.

ÖVER TRETTIO AFFÄRER I NÄRHETEN

Jag minns att affärerna i vårt närområde var väldigt specialiserade. Det fanns inga matvaruaffärer utanför stan som idag. Till skillnad från idag, handlade man i sitt närområde på femtiotalet. På vår gata fanns över trettio affärer inom två minuters gångavstånd. När min mamma handlade innebar det många sociala kontakter när hon besökte den ena affären efter den andra. Här är affärerna i vårt omedelbara närområde runt Vasagatan:

Haga Kyrkogatan
Godisbutik 1
Skomakare
Grönsakshandlare 1
Sybehörsaffär 1 (där köptes breda band till hår-rosetter till mina systrar)
Charkuteri
Tobaksaffär 1
Godisbutik 2 (Anna Palm)
Klockaffär
Tapetserare
Godisbutik 3 (Lotta Håkansson)
Buteljlager

Vasagatan
Svensson Speceriaffär
Mjölkaffär (två tanter med vita hattar)
Strykeri (två kvinnor strök tvätt hela dagarna)
Mercuribolaget (army surplus)

Vasa Zoo djurbutik
Cafe Lyckan
Sjukvårdsartiklar etc
Barberare (hade gaseldad locktång för mina systrar)
Godisbutik 4 bredvid barberaren.
Korvkiosk på hjul rullades fram på kvällar och helger.
Skomakare 2
Post
Ballonghålan (leksaker)
Tobaksaffär 2
Wettergren & Kerber (bokhandel och modeller)
Grönsakshandlare 2 (Sydkap)
Sybehörsaffär 2
Häggstrands elektriska
Apoteket Lejonet
Apoteket Lejonets Materialhandel

Nedre Fogelbergsgatan
Fiskaffär (Det fanns en till i Haga som var mycket nära)

Viktoriagatan
Wienerbageri
Wasa Livs
Tavel och rambutik
Godisbutik National 5 (det var den enda godisbutiken som gav kunderna kvitton - vilka mamma naturligtvis hittade i våra fickor)
Lagergrens Färghandel och kemikalieaffär
Bråsth konditori
(Dessutom fanns det fler närbelägna affärer i Haga)

SNABBKÖP

Jag minns när de nya självbetjäningsbutikerna i början av sextiotalet började bli vanliga. De kallades för snabbköp eftersom det sades att det gick snabbare när man själv plockade sina varor. Det var ett lyft att få strosa bland varorna och bli inspirerad att köpa sådant som inte fanns på listan, så kallad "merförsäljning". När vi nu riskerade att plocka på oss mer varor än vi tänkt från början och kanske inte hade med oss en extra shoppingväska då började de nya snabbköpen ge bort bär-påsar gratis. Vi liksom andra kunder, plockade med några extra hem, de kostade ju inget. Det inbjöd naturligtvis till ett onödigt slöseri. Men det talades så glatt om "köp-slit-och-släng" och vi tänkte inte alls så miljömedvetet som vi gör idag. Det var början på ett nytt sätt att konsumera.

WIENERBAGERIET

Jag minns hur underbart det var att gå till Wienerbageriet på Viktoriagatan en trappa ned där nybakade och frasiga wienerlängder låg på en vit marmorskiva. När bageriet slog igen dök det upp ett tvätteri eller "tvättbar" som det nya modeordet var då. Dit gick de som inte hade en egen tvättmaskin och det var många på sextiotalet. Sist jag lämnade in tvätt där fanns den vita marmorskivan kvar omgiven av dundrande tvätt- och torktumlare och en doft av tvättmedel. Kunderna som satte tvättkassar på den vita marmorskivan reflekterade nog inget speciellt på vad de gjorde när de lämnade in sin tvätt men när jag satte tvätten på marmorskivan gjorde jag det med en viss vördnad. Jag mindes ju vad som en gång legat på disken med den vita marmorskivan -- de nybakade, frasiga och fantastiskt goda wienerlängderna som frestade oss alla i kvarteret.

EXPEDITER

Jag minns expediterna på varuhuset Grand Bazar på Kungsgatan som inte var så där överdrivet serviceinriktade. De kunde stå i en klunga om upp till sex stycken och prata på entréplanet. Ville man veta något fick man gå fram och fråga gruppen och hoppas på att någon ville svara. Det låter konstigt idag, att det fanns så många expediter på ett enda plan som kunde få tid över att samtala under arbetstid. Men varuhusen överlag tycks ha haft många anställda vid den här tiden. Lönerna var förmodligen inte speciellt höga heller. I Ferdinand Lundquists jubileumsskrift från 1964 står det att läsa att varuhuset (som idag ägs av NK) hade 900 anställda. Idag kan det finnas en eller två som står i kassan på ett helt våningsplan. Det är ju en otrolig skillnad på nu och då.

BALLONGER I SLOTTSKOGEN

Jag minns romer som i ingången till Slottskogen sålde ballonger med en gas som höll ballongerna uppe och det var oerhört fascinerande för oss barn. De sålde även snurrande vindflöjlar och apor gjorde av kaninskinn. Min syster hade hela sängen full av dessa apor. Hon var otroligt fäst vid dem.

SAHLINS BARNEKIPERING

Jag minns Sahlins barnekipering. Vi barn var verkligen inte bortskämda vad gäller nya kläder och mina systrar fick ärva kappor (ibland behövde de ändras lite) av sina kusiner men ibland tog mamma med alla barnen för att "gå på stan" och då var Sahlins i korsningen Kungsgatan-Korsgatan en av de affärer vi besökte för att inhandla kläder. Affären drevs mellan 1906 och 1976 av familjen Sahlin från Eslöv som var först i landet med att producera och sälja barnkonfektion. Jag undrade alltid varför expediterna där brukade kalla en byxa för "en byx" istället för en byxa. *"Här har vi en slitstark byx till pojken"* kunde expediten säga. Varför minns jag sådant?

HUSHÅLLSPENGAR

Jag minns att mamma som "husmor" fick 500 kr i hushållskassa i månaden av pappa. Jag tror att mamma upplevde detta som rätt jobbigt men det var så det var på femtiotalet. Det var ytterst få kvinnor som förvärvsarbetade. Jag vet att mamma försökte få pengarna att räcka men det var tufft. Vi barn var rätt hårt hållna.

För mamma gällde det att spendera sina hushållspengar sparsamt och få pappa att köpa saker för oss med sina pengar. En gång när jag var lite äldre berättade mamma att pappa "hade konto" på Bergströms herrekipering. Jag tror att det var en direkt uppmaning till mig att köpa det jag behövde där. Det var som att släppa ut ett kreatur på grönbete efter att ha varit instängt i en hel vinter. Jag köpte jackan som jag var "sanktionerad" att köpa men sedan fick jag fnatt - jag måste ju passa på när jag kunde skriva upp på pappas konto. Jag fick syn på några frottéhalsdukar som låg på ett fint polerat ekbord, det var engelsk stil i den eleganta butiken. Jag hade ingen egentlig användning för några halsdukar av frotté, jag spelade ju inte golf eller seglade inte speciellt mycket. Men jag hade som sagt fått fnatt och jag vet inte hur det blev som det blev men jag sa "*Jag tar tre stycken.*" Helt vansinnigt. Gud vilken utskällning jag fick. Jag hade ju ingen vettig förklaring. Och jag använde aldrig de där tre frottéhalsdukarna en enda gång.

LAGERGRENS FÄRG OCH PARFYMERI

Jag minns den speciella doften inne i Lagergrens parfymeri och färghandel på Viktoriagatan. De vänliga och hjälpsamma ägarna, herr och fru Lagergren arbetade här med att sälja färg, parfymer, och badsalt m.m. Förmodligen hade de bara sålt färg från början men utökat med skönhetsprodukter och det var den kombinationen som utgjorde den speciella doften i butiken.

SPRED

Jag minns den första vattenbaserade färgen som hette Spred och såldes i glasburkar. Det var något helt nytt och gjorde det lätt och luktfritt att måla. En liten revolution.

WETTERGREN & KERBER

Jag minns bokhandeln Wettergren och Kerber på Vasagatan som sålde böcker och byggmodeller. Den var mycket välbesökt. Där arbetade en mycket duktig, kortvuxen herre med mycket speciell rapp röst som jag fyrtio år senare träffade på i en järnhandel i Högsbo. Jag nämnde att jag mindes honom från hans tid hos Wettergrens och han berättade att han än idag träffade på kunder som liksom jag mindes honom. Tala om att efterlämna ett gott intryck.

TACK-TANTERNA

Jag minns när Anna Palm, en gottaffär runt hörnet slutade (eller dog) och affären togs över av två äldre damer. Vi kallade dem för "Tack-Tanterna" för de hade ett sätt att tacka i nästan varje andetag. I början var Hälsovårdsnämnden på dem och förbjöd dem att sälja lösgodis över disk. Lokalen var för liten sade de. Det var märkligt för lokalen hade ju inte krympt och där hade ju Anna Palm sålt lösgodis över disk i årtionden. De nya ägarna fick bara lov att sälja paketerat lösgodis vilket innebar att de inte kunde bedriva någon verksamhet med ett sådant förbud. Kanske det var en övernitisk tjänsteman. De stackars damerna beklagade sig men det hela måste ha löst sig. Det var ju orimligt. Över hela Göteborg såldes ju lösgodis över disk. Av liknande tanter.

IKEA

Jag minns när kassörskorna på IKEA inte hade scanners. Då fick de skriva in ett ganska långt artikelnummer för varje vara. Det var därför som köerna blev oändligt långa och sega ibland.

ARKADEN

Jag minns Arkaden med sitt höga torn och svängda gata. Jag fick en chock när jag efter några års frånvaro återvände till Göteborg och såg den nya betongbunkern beklädd med gult tegel som byggts där Arkaden en gång fanns. Den har nog aldrig blivit en ekonomisk succé tror jag. Kanske vi gamla göteborgare helt enkelt inte vill gå in där. Kanske vi inte blir inspirerade att snedda igenom den stora tegelkolossen, speciellt när tegelkolossen slukat vår gamla charmiga gata. Tänk så fin den gamla Arkaden hade varit idag om den glasats in och de gamla husen och det vackra tornet hade bevarats på ett pietetsfullt sätt, ja tänk vilken atmosfär det hade varit.

BOHUSSLÖJD

Jag minns Bohusslöjd på Avenyn som tvingades flytta när hyran höjdes. Hemslöjdsaffärer kan ibland se lite plottriga ut men Bohusslöjd styrdes av någon eller några med säker och utsökt smak och ett verkligt sinne för det estetiska. Inget kitschigt tilläts. Det var en stor förlust för Göteborg när den tvingades bort från vår paradgata.

Bryr sig turister om butikskedjor som de redan har i det egna landet, eller uppskattar de en unik butik som Bohusslöjd som säljer regionalt och unikt (och dessutom väldigt väl utvalt) hantverk? Det är sådant som kommunen bör tänka på. Det borde finnas stöd för affärer med ett speciellt och unikt värde som i längden gagnar Göteborg och turismen. Och även gagnar lokal konst och hantverk.

WAIDELE

Jag minns Waidele musik affär, en rejäl gammaldags musikaffär som fanns i Göteborg 1911-1996. Den låg först i Arkaden och flyttade senare till Fredsgatan. Där såldes piano och all sorters instrument, radio- och teveapparater, grammofonskivor, kasettband. Waidele var känd för alla autograferna som var skrivna direkt på väggarna och det var verkligen något speciellt att gå in i den affären.

KONSTSTOPPNING PÅ LAPPCENTRALEN

Jag minns Lappcentralen där man kunde lämna in damstrumpor med maskor eller ett plagg med hål. När kläder var dyra lönade det sig att laga dem och kvinnorna som arbetade där - det var ett dussintal som satt vid sina maskiner - kunde få fula hål i kläder att se nästan osynliga ut. Och damstrumpornas maskor fixades också.

EPA

Jag minns EPA varuhusen som ingick i koncernen Turitz med säte i Göteborg. De var mycket populära men hade lite av den amerikanska billighetsstämpeln och folk talade oförtjänt om "Epaskit". Det finns inte många riktiga varuhus kvar längre så det är många som saknar EPA.

FRUKTFÖRSÄLJAREN PÅ KUNGSPORTSBRON

Jag minns mannen på Kungsportsbron som stod där hela dagen och sålde frukt från en låda på magen. Lådan var fastspänd med läderremmar som gick över axlarna. Hans genomträngande röst var lätt igenkänd. Frukten såldes styckvis och jag förmodar att han hade ett lager i närheten där han kunde fylla på. *"Päääråån, päääråån, prima päääråån, fem för en krona"* - ungefär så lät det.

VALLGATANS JÄRNHANDEL

Jag minns Vallgatans Järn, den sista järnhandeln i centrala stan som jämnt var full av kunder. Den var liten och sålde över disk och hade många kunniga och hjälpsamma expediter som hämtade fram varor som fanns på olika våningar ovanför den lilla butiken. Affären var älskad och gick bra (varje år sålde de oanade mängder adventsljusstakar) men de tvingades slå igen när hyran höjdes rejält. Göteborgs stad borde på något sätt ingripa när stadskärnan utarmas. De som inte har bil eller internet, hur kan de få tillgång till en järnhandel? Skall stadskärnan bara ha modebutiker och caféer?

STIBERGS

Jag minns att när pappa skulle köpa rökt lax så gick han till Stibergs på Kungstorget. Det var en stor firma som sålde delikatesser bland annat utomlands. Vanliga fiskaffärer hade inte sådana delikatesser då.

GUMPERTS HÖRNA

Jag minns Gumperts hörna där jag stämt träff med många vänner under åren. När Gumperts bokhandel försvann och huset revs fick folk välja något i närheten och det blev ofta NK tvärs över gatan där man träffades före biobesöket eller vad det nu var man tänkte hitta på i centrum. Men det blev aldrig riktigt samma känsla.

HEA

Jag minns automater över hela stan, ofta på husväggar och på toaletter med HE Adamsson kondomer. De såldes inte över disk. Vi hade då ett betydligt prydare samhälle.

PÅ GILLBLADS

Jag minns min mamma på Gillblads som lite förstrött tittade på kappor på en ställning. Hon tog i dom och kommenterade dem allt eftersom. När hon kom till den sista tog hon i den och sade med samma ton som tidigare, *"Ja den är snygg"*. Det var bara det att kappan tillhörde en kvinna som stod och tittade på något annat. Jag vet inte om mamma ens märkte kvinnan, men vi barn som såg allt höll på att sjunka genom jorden.

KNAPP-CARLSSON

Jag minns att vi barn ofta fick följa med in i Knapp Carlssons (och vänta länge) och vill man göra en resa i tiden och se hur det såg ut i den affären på femtiotalet, så gå bara in där. Ingenting har förändrats. Det är bara köerna som verkar kortare. Nummerlapparna av styv papp finns kvar och de sitter på samma ställning som för femtio år sedan. En märklig känsla.

Enligt Wikipedia är de idag Sveriges största och mest välsorterade affär för sy- och inredningstillbehör.

INGA BUTIKSKEDJOR

Jag minns när affärer var mest enskilt ägda och inte tillhörde någon kedja. I Göteborg fanns exklusiva affärer för damer som Holmbloms och Gillblads. Bergströms och Silvanders var exklusiva butiker för herrar. Den enda kedjan jag minns var EPA-varuhusen som ägdes av Turitzkoncernen med huvudkontor i Göteborg. Göteborgarna, inklusive de från redarsociteén köpte oftast sina kläder i affärerna i Göteborg till skillnad från idag när vi inte alls är trogna gentemot våra lokala butiker.

FERDINAND LUNDQUIST

Jag minns varuhuset Ferdinand Lundquist väldigt väl och det tycks många andra också göra. Jag hittade deras jubileumshäfte från 1964 med foton från varuhuset som då hade 900 anställda. Jag lade ut alla bilderna på min blogg "Viktor Trappsteg" och det är den mest besökta posten på min blogg. Det var ett gediget varuhus med ett brett sortiment, en inredningsavdelning som sydde upp gardiner och klädde om möbler. NK ligger här idag.

SKOAFFÄRER

Jag minns de två stora skobutikerna i Göteborg, Nordlöfs och Åbergs och den fina servicen man fick på den tiden. Där hämtade expediten skorna och satt sig själv snett på en pall och på andra sidan pallen fanns en lutande fotbräda där kunden satte sina fötter. Expediten öppnade upp skorna och hjälpte kunden på med dem, även snörningen. Idag får man inte sådan omtanke och man får sitta på en enkel pall mitt i affären där mycket folk passerar förbi samtidigt som man själv får ta på sig skorna och hålla reda på sina medhavda väskor.

UTMANING PÅ ICA

Jag minns en köplista jag hittade i ICAs shoppingvagn. Den satt fast på ett clipboard och stirrade mig liksom rakt i ansiktet. Jag funderade lite om ödet utmanade mig. Skulle jag vara lite äventyrlig och skippa min egen lista och kanske handla efter denna? Varför alltid vara så förutsägbar?

Jag gissade på handstilen på köplistan att det kunde vara en kvinnas, eventuellt konstnärlig och ordentlig (noga präntat och noga vikt lista) med sunda matvanor (pumpabröd) och katt (kattsand och kattmat) som rest mycket till Medelhavet (fetaost, oliver, turkisk yoghurt.) Jag undrar vad turkisk yoghurt är för något - kanske något att pröva på? Kattsand behöver jag inte. Har ingen katt. Nej, jag fick kalla fötter och handlade efter min egen lista. Tråkmåns som jag är.

OM ATT KÖPA BIL

Jag minns många av mina försök att köpa bil. Mer eller mindre komiska. De sista tio åren har säljarna placerats på ett skrivbord mitt bland bilarna, detta för att finnas tillgängliga när kunden har frågor. En gång på den "gamla goda tiden" när säljarna kunde gömma sig i sina rum minns jag att jag ville ha ett pris på en viss modell med en viss utrustning så jag letade upp en kille i ett av rummen. *"Jag skall gå och äta lunch om fem minuter"* var det första han sa. OK, tyckte jag, då kan jag väl få priset innan du går. Han tittade på mig och sade högt och anklagande: *"VET du att denna modellen inte kommer förrän nästa år?"* Jo det kanske var så, men jag ville ha priset i alla fall. Jag fick priset -- men det kändes som det var på nåder. Underbart kundbemötande.

En annan gång poängterade jag för en annan säljare (på ett annat företag) att jag hade köpt en viss modell om det bara hade funnits mer utrymme för passageraren i framsätet. Det var nämligen exceptionellt trångt där. *"Du kanske kan framföra till företaget vad jag påpekat"* sade jag lite konstruktivt. *"Det tänker jag verkligen inte göra"* fnös han och redogjorde varför han inte tänkte göra det. Jag blev så paff så jag kom inte ihåg exakt vad det var han sa. Men i vilket fall hade det varit bättre att bara hålla med mig och sedan inget göra om han tyckte att det var lönlöst.

MARKNADSFÖRING

Jag minns när den amerikanska glassen Häagen-Dazs hade en karta av Skandinavien på locket trots att den tillverkades i New Jersey. Med den knepiga stavningen och kartan med städerna "Oslo" och "Copenhagen" (inte Stockholm) ville de få sina amerikanska kunder att tro att glassen var från Europa. Numera tillverkas glassen i Frankrike och då är kartan borta sedan länge och vi kan lugnt få tro att det är en amerikansk glass. Vilket den ju faktiskt var en gång.

MAT

SMÖR

Jag minns att smör var dyrt på femtiotalet och i besparingssyfte blandades lika delar smör med margarin. Det kallades för "restaurangblandning". Jag älskar riktigt smör och det var bara när vi hade gäster som det serverades äkta smör. Då festade jag verkligen.

Havregrynsgröt som vanligtvis tillagas på vatten och havregryn, den tillagade min mormor med mjölk och smör. Hon såg alltid till att familjen fick god och näringsrik mat. Den gröten passade mig precis.

GAMMALT BRÖD

Jag minns att vi barn hjälpte till att skära gammalt bröd till mindre tärningar som vi tog med till Slottskogen för att mata änderna. Annars kunde gammalt vetebröd doppas i vispat ägg och stekas och serveras som "fattiga riddare" med kanel och socker. Det var riktig fest.

EGENTILLVERKAD APELSINSAFT

Jag minns när vi gjorde egen apelsinsaft. En låda med apelsiner bars upp från specerihandlaren. Skalet från apelsinerna revs på rivjärn och blandades med den pressade saften från apelsinerna samt socker och atamon (ett konserveringsmedel). Sedan tömdes saften på mörka flaskor. Varje dag när vi kom hem från skolan drack vi av vår egen apelsinsaft och åt en bit bulle.

KONSERVBURKAR

Jag minns konservburkens tidevarv. När alla inte hade kyl och frys var man beroende av konservburkar. Konserverad skinka, pyttipanna, köttsoppa, sardiner och torskrom var alltid bra att ha i reserv. Alla hushåll hade en konservöppnare med vevhandtag uppsatt på väggen (ofta av märket Nilsjohan) för att snabbt och enkelt kunna öppna de många burkar som konsumerades i hushållet. Till middag brukade vi öppna en enda burk med konserverade ärter, eller ärter och tärnade morötter. Grönsaker och sallad var ingen stor sak på femtiotalet.

VADDÅ SALLAD ?

Jag minns salladen (huvudsallad) som fanns på femtiotalet. Den var mest för dekoration och hade liten spänst och vissnade lätt. Om det gjordes en sallad var det en liten skål med denna salladen och några tomatklyftor och gurka. Sallad var ingen stor grej och dessutom "kaninmat" som min pappa definitivt undvek. Isbergssallad kom till Sverige långt senare.

FINDUS SNABBKRÄM

Jag minns Findus Snabbkräm (jordgubbstyp och hallontyp) som skulle användas till kräm men vi använde den som sylt. De var förpackade i pappburkar. Min dröm var att ha en alldeles egen burk, enbart för mig.

RAKETOST

Jag minns Raketost som var en mjukost i en cylindrisk förpackning som man sköt upp och skivade av med hjälp av ett bifogat snöre. Kul för barn och kanske ett bra sätt att få dem att äta.

SOCKERDRICKA

Jag minns när vi tre barn brukade fråga om vi fick dela på en sockerdricka. Det var millimeterrättvisa som gällde när flaskan hälldes upp i tre glas. Det var en höjdpunkt för oss ungar.

SAGOSOPPA

Jag minns sagosoppan i bamba gjord av sagogryn, saft, kanel kokta russin och katrinplommon. En typisk gammaldags och billig rätt som knappast förekommer längre. Sagogryn (röda och vita) var ursprungligen gjorda på importerad palmstärkelse men kom senare att tillverkas av inhemsk potatisstärkelse säger uppslagsboken.

POPCORN

Jag minns hur jag och mina syskon gick över till bonden i närheten någon gång i mitten på femtiotalet. Vi hittade en lår med majs avsett för hönorna. På den tiden kunde man inte köpa popcorn att poppa så vi tog med lite majs hem för att göra popcorn. Vi gick hem fulla av förväntningar. Men det blev inte speciellt lyckat i stekpannan med margarin, det skall vara speciellt odlad majs för poppning och kanske en bättre kastrull med olja.

FRYST GÅS

Jag minns när mamma vann en gås på en tävling. Vi liksom många andra hushåll hade ingen frys. Det var en lyx. Slaktaren i kvarteret var vänlig nog att frysa in mammas gås och låta henne hämta den några veckor senare. Det var ju väldans hyggligt. Det var ju en slags kvarterssammanhållning. Vi var trogen den butiken och det betydde något.

MELLANÖL

Jag minns när mellanölet kom. Det var en väldigt stor grej för skolungdomar. Nu kunde man bli berusad utan att behöva gå till systemet.

FLICKAN SOM TRAMPADE PÅ BRÖDET

Jag minns den skrämmande berättelsen om flickan som trampade på brödet. Hon lade brödet på gatan och klev på det för att inte få smuts på skorna. Hon försvann i underjorden - det var minsann avskräckande för det barn som tänkte slösa med maten.

MAMMAS MAJONNÄS

Jag minns när mamma gjorde majonnäs med Reymersholms matolja. Hon rörde en äggula, senap, peppar och rödvinsvinäger. Sedan tillsatte hon en smal stråle olja samtidigt som hon rörde intensivt med en träsked. Då hade vi inte elvispar, men majonnäs kan vi idag göra väldigt snabbt med en elvisp. Vi behöver inte röra med träskeden lika länge som mamma gjorde.

ROSTAT BRÖD
Jag minns en bucklig perforerad plåt med handtag som sattes på spisens gaslåga. På den rostade vi bröd. Gissa om det blev många vidbrända brödskivor.

KAFFE I KONSERVBURKAR
Jag minns när malt kaffe var förpackat i konservburkar och att det pyste när man först öppnade dem med konservöppnaren. Sedan kom en nyhet, ett litet hål man skulle trycka in för att få ut luften först och undvika den pysande luften som sprutade ut kaffepulver. Till sist kom ett lock man kunde dra av konservburken, man slapp använda konservöppnaren. Men sedan försvann konservburken helt. Nu är kaffet förpackat i plast och är vacuumförslutet.

KOKT KAFFE
Jag minns lukten av kokt kaffe. Finns det något som luktar så gammaldags som just kokt kaffe? Det var när familjen besökte någon äldre person ofta ute på landet som vi drack kokt kaffe. Kaffet togs av spisen för att stå en stund och klarna, ibland med hjälp av något medel. Oftast serverades kaffet i extremt tunna och delikata små koppar, mycket mindre än de vi hade hemma. Själv har jag alltid föredragit bryggkaffe eller på senare år, caffelatte, men jag har alltid välkomnat en kopp kokt kaffe som den kära grannen "Alice på landet" serverade.

På landet gick man till varandra på "kaffe" och det fanns oskrivna regler att man inte kastade sig över de mer exklusiva kakorna. Man grundade med "grovdoppat", vetebröd och sockerkakor innan man gav sig på de mer finare småkakorna. Lite senare brukade det dyka upp en maffig tårta.

MAT PÅ BÅTEN TILL DROTTNINGHOLM 1968

Jag minns en resa med en av de där charmiga ångbåtarna från Skeppsbrokajen till Drottningholm. En liten kille runt åtta år gick runt och tog upp beställningar på smörgåsar. Vad trevligt tänkte jag, han hjälper sina föräldrar. Han tog betalt innan vilket var lite egendomligt men det fick väl gå. Vi beställde rostbiffsmörgås. Medan vi väntade promenerade jag omkring på båten och kunde då kika in i köket där åttaåringen gjorde mackor. Han var helt ensam i köket, inga föräldrar syntes till. Han tog fram vitt bröd från en plastpåse och bredde ett tunt lager margarin och från en annan påse tog han en enda skiva rostbiff som han lade på brödet. Det var allt. Ingen sallad, ingen senap, ingen majonnäs. Sedan levererade han dessa förbetalda mackor till de som satt på däck och väntade. Vad skulle man säga? Vi hade ju redan betalat. Och vem vill bråka med en åttaåring?

OPERATION NEDDRAGNING

Jag minns när mamma som alltid varit det stora matlagningsfenomenet började tackla av, då såg jag hur hon anpassade sig. Hon ville bjuda släkt och vänner men hade inte längre orken eller förmågan att laga komplicerade rätter som hon gjort förr i tiden. I slutet tillagade hon enbart en rätt som hon klarade av och det var kokt höns med ris och currysås. Det var ju lätt att koka hönan i förväg och kanske frysa ner en del. När hon inte längre klarade av den rätten så gjorde hon inget mer. Då fick andra ta vid.

FÄRSK POTATIS

Jag minns hur viktigt jag tyckte det var att varje år plantera potatis på landet. Det var liksom en religion. För det finns inget bättre än att avnjuta nyupptagen potatis. Potatisen skulle förgro i öppna luftiga lådor så att de skulle få sina knubbiga gröna skott för att på så sätt ta fart när de hamnade i jorden.

När jag av olika skäl fick prioritera andra saker kändes det som ett svek, som en stor förlust att inte plantera min potatis. Men tiden läker alla sår. Det gick det också. Nu köper jag kravodlad potatis och den är inte så dum alls. Den har ju odlats ungefär på samma sätt som jag brukade odla min egen. Det känns tryggt. Och smakar gott.

URSÄKTA VITLÖKEN

Jag minns hur en del svenskar på 60-talet kunde ursäkta sig inför andra för att de ätit vitlök dagen innan. Så beige och mesiga var vi då.

STÄNGT

Jag minns när man inte kunde köpa mat på helgerna. Var man hungrig fick man köpa en varm korv eller något från de många varuautomaterna där de sålde konserver och annat som fick plats i de små facken. Det var inte speciellt upphetsande varor. Men de stillade hungern.

SAMHÄLLE

FJÄSK FÖR TITLAR OCH FINT FOLK

Jag minns fjäsket för titlar på femtiotalet. I affärer bockades det väldigt mycket för de med fina titlar som "direktören", "konsuln", "professorskan", "friherrinnan" "adjunkten" och "biskopinnan". Personer utan titlar, eller de som uppfattades som "fattiga" låg inte så bra till. Därför var det viktigt att skaffa sig en position med en titel. En del män kunde kalla sig för "disponenter" och hade en väldigt hög svansföring. Men vad var det som de disponerade egentligen? En framgångsrik affärsman kunde via kontakter bli utsedd till generalkonsul för ett mindre land och utföra diverse lättare administrativa sysslor och bli kallad för "generalkonsul" livet ut. Och frun blev kallad för "generalkonsulinnan". Inga dåliga grejer.

Titlar och människors positioner i samhället betydde oerhört mycket. Då delades folk upp i socialgrupp ett, två eller tre. Telefonkatalogen var arrangerad efter folks yrken, titlar. Först efternamnet, sedan titeln och sedan förnamnet. Det innebar att man måste veta någons yrke för att träffa rätt vid en sökning i katalogen. Snickare Andersson, Grovarbetare Larsson, Adjunkt Emilsson, Tandläkare Södergren, Professor Tibelius. För den som inte hade något fast arbete fick man söka på "diversearbetare".

Femtiotalet var en brytningsperiod då mycket började förändras i samhället. Det var gott om arbetstillfällen och fackföreningar såg till att lönerna steg. Kvinnor började arbeta i nya yrken. "Fint folk" som varit vana vid tjänstefolk kunde inte längre hitta någon som ville arbeta för dom, det var inte längre nödvändigt att bocka och buga längre. Men en del människor hade sina rötter i depressionen på trettiotalet och kriget på fyrtiotalet då de vanligaste arbetstillfällena för kvinnor var hemhjälp eller liknande och de som hade den typen av arbete var vana att bocka inför överheten. Det var nog en sådan person som en gång kallade min mamma för "doktorinnan". Min mamma var ju egentligen inget "speciellt", bara husmor och fru till en tandläkare och mamma kunde kavla upp ärmarna och skura golv när det behövdes. Mamma som var den mest naturliga människan i världen skrattade bara bort det. Men det var så det var.

Vi har lagt titelsjukan bakom oss, men det kan vara bra att komma ihåg att en gång för längesedan, innan den industriella revolutionen i slutet av artonhundratalet, var ca 80 procent av befolkningen i Sverige sysselsatta i jordbruket. Många var fattiga statare och vana att bocka för överheten inklusive prästerskapet som gick runt i hushållen och höll "husförhör" för att kolla allas religiösa kunskaper.

Vi svenskar har bockat mycket för överheten i det förgångna, men fortsätter vi inte att "bocka" för en politisk "överhet" när vi blint litar på politiker som anser att de "vet bäst"? Då kan politikerna (alla partier utom vänsterpartiet) gå samman och "reformera" vårt pensionssystem utan att direkt informera eller engagera allmänheten i beslutet. Det amerikanska pensionssystemet "Social Securuty" har enorma belopp sparade för framtida pensioner som indexeras uppåt varje år. Men i Sverige har vi inga pengar avsatta för framtida pensioner. Pensionärerna är beroende av årets skatteintäkter, de vet aldrig vad pensionen blir från år till år. Amerikanare har en garanterad pension, vi svenskar svävar i extrem osäkerhet och är beroende av hur konjunkturerna är. Vart tog våra sparade pensionspengar vägen? Hur kunde de politiska partierna bara "smyga igenom" dessa reformer, förbi deras väljare? Är det kanske vårt eget fel? Är väljarnas flathet och undfallenhet möjligtvis ett arv efter allt vårt bockande för överheten i det förgångna?

RESPEKT FÖR PROSTEN

Jag minns att respekten för kyrkans män fanns kvar på femtio och sextiotalet. Min gymnastiklärare som vanligtvis var väldigt sträng, lät mig slippa från gymnastiken för att jag "var prostens barnbarn". Tack för det kapten Hedelin. Man kan le åt det men det var knappast några leenden förr i tiden när prästen kom till familjer och bedrev husförhör bland familjens medlemmar och tjänstefolket. Och arbetare som jobbat en hel vecka inklusive lördag tvingades till kyrkan på söndagar och om de råkade somna till under gudstjänsten fanns där en kyrkvaktmästare med en lång stav som väckte dem till liv.

FATTIG?

Jag minns att tant Hilda inte hade det speciellt väl ställt som hemsömmerska på femtiotalet. Hon berättade en gång för oss barn att hon hade varit på varuhuset Meeths på Kungsgatan (Indiska ligger där idag) för att köpa ett fodertyg till en dräkt som hon höll på att ändra för en kund. Men hon hade blivit nedlåtande och snorkigt bemött av expediten, förmodligen för att hon inte var lika fint klädd som de fina damerna från Vasastan.

Tant Hilda berättade hur hon satt expediten på plats och visat att hon minsann inte var fattig. *"Då minsann förstår ni, så plockade jag upp min portmonnä och lämnade fram en hel hundralapp! Då fick expediten så hon teg"* berättade tant Hilda triumferande.

BETALA FÖRST

Jag minns att när jag fick kontrakt på en billig gårdslägenhet blev jag förvånad att jag måste gå till tobaksaffären tvärs över gatan för att och köpa gaspoletter. Annars kunde jag inte använda gasen. Poletterna fick jag sedan stoppa in i gasmätaren för att få gasen att fungera. Anledningen var att de som förr bodde i gårdslägenheter (eller i landshövdingehusens arbetarkvarter) fick betala i förväg för gasen via poletterna. De som inte hade stabila inkomster fick inte kredit och räkning på posten och kunde heller inte skaffa telefon av samma anledning. Därför var det många i Göteborg som besökte telefon och telegrafverket för att ringa eller telegrafera där de betalade kontant.

HALTA SKOMAKARE

Jag minns när nästan alla skomakare hade någon form av handikapp. Man tänkte inte så mycket på det, det bara var så. När det inte fanns socialhjälp eller sjukpensioner gällde det för samhället att ge handikappade ett yrke som de kunde livnära sig på. Därför fanns det en yrkesskola i anslutning till ortopeden vid Sahlgrenska eller "vanföranstalten" som den kallades på den tiden. Många utbildades till tapetsör eller skomakare eller något annat praktiskt yrke. Så ville alla handikappade bli utbildade till hantverkare? Ibland hade de inget val. De var tvungna att försörja sig. En kvinna som ville bli fotograf tvingades att bli sömmerska. Högre utbildning var oftast för de mer välbärgade och studentlån - det ordet var inte uppfunnet. Andra med handikapp fick rätt att inneha korvkiosker på hjul. Det var ett praktiskt sätt att hantera sysselsättning för de med funktionshinder innan det sociala skyddsnätet introducerades.

POLOKLINIKER

Jag minns när man gick till "polikliniken", innan nuvarande vårdcentralerna introducerades. Man kunde gå till privata läkare, men det allmänna erbjöd polokliniker. Behandlingen var inte som den är idag när du och läkaren möts i ett rum. Om det var många på polokliniken som hade samma problem kunde man sitta i en grupp och undersökas av en läkare samtidigt. Exempelvis kunde de med fotproblem sitta i en grupp för sig och en läkare kom in och tittade på alla "fötter" samtidigt.

På några andra stolar var alla med handproblem och så vidare. Inga privata samtal precis, lite genant också med alla andra som tittade på en. Det var en slags effektiv grovsortering. De som behövde åtgärdas fortsatte i ett annat rum.

OSJÄLVISK

Jag minns när man talade om osjälviskhet eller att "uppoffra" sig. Det är begrepp som knappast finns längre. Det var vanligt att sjuksköterskor kände ett kall att vårda sjuka. Och tant Ingeborg (som kom till oss och strök tvätt ibland) var en kristen, god och moralisk kvinna som hade "uppoffrat" sig. Hon hade bott som en slags inneboende hjälp hos en man med namnet Hansson i Landala i Göteborg. De var inte gifta. De var inte sambo. Ordet fanns inte då. Att leva som sambo hade varit syndigt och för tant Ingeborg helt otänkbart. Hon sov i den utdragsbara kökssoffan i köket. Hansson sov i vardagsrummet. När Hansson behövde sina adrenalininjektioner, han var svårt astmatisk, fanns tant Ingeborg alltid till hands. Hon hade hjälpt honom över en sommar och sedan kunde hon inte bara lämna denne man som behövde konstant vaksamhet, närvaro och hjälp. Hon tog hand om honom livet ut, tills Hansson dog. Jag tror nog att hennes livsgärning kan definiera "osjälviskhet".

AKUT

Jag minns en kvinnlig taxichaufför som körde mig till Sahlgrenska. Hon berättade att hon en gång hämtat en medtagen nittioårig kvinna som suttit på akuten på

Sahlgrenska i tjugofyra timmar. Efter tjugofyra timmars väntan hade den gamla damen fått beskedet att sjukhuset inte hade tid med henne och hänvisade henne till akuten på Mölndals sjukhus (och en ny plats i kön?).

Att det kan gå till på det sättet stämmer nog. Jag talade nämligen en gång med en sköterska som arbetade på en geriatrisk vårdavdelning på Sahlgrenska sjukhuset. Hon berättade att många äldre patienter kunde tillbringa väldigt lång tid på akuten och att de anlände till vårdavdelningen hungriga, förvirrade, uttorkade och med avföring i underkläderna.

SERVICEHUS

Jag minns när det på 1960 talet byggdes "servicehus" för äldre som ville ha lite mer trygghet men ändå ville bo på ett eget och oberoende sätt. Politikerna då måste ha ansett det viktigt att bygga hyreslägenheter för de som klarade sig själva med tillgång till vissa gemensamma lokaler som restaurang dit även allmänheten kunde gå. Det var precis vad folk vill ha, men precis vad våra politiker numera *inte* tycker de skall ha. Varför har politikerna ändrat sig så radikalt?

SEXTIOTALETS RIVNINGSRASERI

Jag minns rivningsraseriet i Göteborg på 60-och 70-talet. Jag tror att det fanns för mycket pengar och att många tjänstemän som själva levt i fattiga förhållanden ville göra upp med det gamla samhället. Det var djupt olyckligt men samtidigt får man tänka på att stora delar av

Göteborg som Haga, Annedal, Masthugget och Gamlestan hade omoderna och nedgångna hus. Husen i Vasastan hade dessutom dåligt underhåll beroende på hyresregleringen. Jag uppskattar att Haga räddats, men minns att när jag såg hälften av husen rivna och resten tämligen murkna och nedgångna så tänkte jag lite sorgset att den enda utvägen var kanske att riva allt. Nu önskar man bara att Annedal räddats också. Västergatan var så charmig och gatorna som klättrade upp på berget, tänk om de hade bevarats.

STADSTEATERN

Jag minns när jag såg "Flotten" 1967 den första experimentella pjäsen på Stadsteatern i Göteborg. Den kändes otroligt ny och spännande. Det var ett grupparbete av Kent Andersson, Lennart Hjulström och andra skådespelare. När jag gick på gymnasiet såg jag alla pjäser inklusive all gästspel som visades på Stadsteater, Folkteatern och Atelierteatern. För studenter kostade det väldigt lite. Det var en otroligt fin kulturell grundplåt för en ung man. Tack Göteborg!

SNÖSVÄNGEN

Jag minns "Snösvängen", de män med skyfflar som röjde gator i Göteborg. Den inkluderade många som behövde arbete och jag minns hur de bland annat hackade bort is på trottoarerna. Idag ser man inget sådant manuellt arbete. Det som inte görs med maskiner blir inte gjort tycks det. Jag minns speciellt en ung man som arbetade med att hacka is precis utanför vår port. Han hade mycket olämpliga kläder för det arbetet, bland annat väldigt tunna finskor. Han hade förmodligen sökt jobbet på Snösvängen för att han var i behov av pengar. Tyckte synd om honom som inte hade råd med bättre kläder.

PRIVAT SJUKFÖRSÄKRING

Jag minns när sjukförsäkring var en privat försäkring. Då gjorde folk sina inbetalningar själva. Idag betalas avgiften in till staten via lönen och arbetsgivaravgiften. Sjukförsäkringen är något alla betalar för och den är ingen välgörenheten och definitivt inget som politiker skall politisera. Den hade säkert kunna skötas bättre av professionella försäkringsbolag.

"SOLIDARITET"

Jag minns när det i vår vokabulär fanns honnörsord som "solidaritet" och "jämlikhet". De förekom frekvent i privata och allmänna samtal. Parallellt med det fenomenet vurmades det för jordnära träskor som bars både på kontor och på stan. Jag tror att det var på sjuttio/åttiotalet.

Idag ser man knappt en enda träsko på stan eller på kontor. Och de där honnörsorden "solidaritet" och "jämlikhet" är lika sällsynta. Ordet "solidaritet" fastnar i halsen nu när de varor vi konsumerar ofta tillverkas av underbetalda och utnyttjade arbetare världen över. Och ordet "jämlikhet" nu när inkomstklyftorna ökar alltmer, det ordet känns verkligen fjärran.

TRENDER

ELVIS ELLER TOMMY?

Jag minns när det var mycket tal om att välja mellan "Elvis" och "Tommy". Det var lite av en klassfråga som även återspeglades i snöbollskrigen mellan läroverkseleverna på Hvitfeldtska läroverket och eleverna på folkskolan Götabergsskolan. Elvis Presley ansågs av läroverksungdomar som "billig" (åsikten delades även av amerikanare på college i USA som lyssnade på andra grupper som "The Four Freshmen", "The High-Low's" eller Harry Belafonte). I Sverige matchades Elvis mot Tommy Steele från England. Arbetarklassens ungdomar hade svarta läderjackor (skinnpaj) och Elvisfrisyrer och kallades för "Böss". Läroverksungdomarna kallades för "Siskor" och hade dufflar, långa patentstickade halsdukar och rågummiskor. De samlades på olika ställen i Göteborg. Numera existerar inte dessa klassfrågor men femtiotalet skildras ofta som om alla älskade Elvis, vilket inte är historiskt korrekt. Och det där med klasskillnaden missas ofta också.

SKINNPAJ

Jag minns min blå jacka med två röda ränder på ärmarna som jag hade när jag började i Landalaskolan. Mamma tyckte att den var "sportig" och begrep inte att den var helt "fel" — majoriteten av killarna i min klass hade svarta skinnpajer och Elvisfrisyrer. Jag hade också fett i håret men inte den där Elvisvågen och det var ett himla "tjöt" att jag skulle forma en sådan våg men det vägrade jag.

"BEATLESFRISYR"

Jag minns min första "moderna" klippning 1959 hos en innefrisör som låg bakom Stadsteatern. Alla andra frisörer klippte håret kort och snaggade en i nacken med en maskinsax. Det gick aldrig att få en vanlig frisör att låta håret vara långt i nacken, den där maskinsaxen skulle fram, de var programmerade på något konstigt sätt.

Men det var helt annorlunda hos innefrisören bakom Stadsteatern. De många anställda klippte håret mjukare och längre typ Beatles och inget fett i håret. Runt om i frisörsalongen satt fotografier på de "nya" frisyrerna. De var namngivna med namn som "Dixie" och "Hamlet". De som ville ha en riktig amerikansk stubb kunde få det också. Det var mycket spännande minsann, en kulturell transformation för oss som var unga.

VERKLIGT INNE

Jag minns att det var populärt att ha en röd tröja och röda strumpor. Det ansågs väldigt tufft. Gjorde sig bra till den dubbelknäppta bryggarfracken i mocka.

MIN FUSKJOTTIS

Jag minns när det var inne bland "siskor" att ha en "jottis", en mörkblå seglarjacka av ull stoppad med kapock vilket gjorde jackan till en flytväst och därmed rätt bullig. Det fanns även "fuskjottisar" som var utan kapock (inte så bulliga) och lämpliga för de som ville hänga med i modet men inte hade råd med en riktig. Jag fick en fuskjottis på det villkoret att jag betalade hälften själv. Jag och en kille till i klassen samt tre tjejer från en annan klass, alla med fuskjottisar, hängde ihop under rasterna. Vi skiljde oss från de övriga som hade skinnjackor och Elvishår.

ASKFAT I VARJE RUM

Jag minns på sextiotalet när nästan alla i familjen rökte. Det fanns askfat i alla rum. Vi barn som alla hjälpte till att hålla rent och diska brukade börja i ena ändan av huset och tömma askfaten i det första och fylla på allteftersom tills vi anlände till köket med ett enda proppullt askfat. Vi tömde askan och fimparna i slasken under diskbänken och diskade och satte tillbaka det första askfatet på plats. Det var en daglig ritual.

TYCKER OCH TROR

Jag minns när folk "trodde" eller "tyckte" saker. Numera säger man bara "tänker". Vet inte när hur och varför denna förändring skedde. Språket blev lite fattigare tycker jag.

IKEA MADE IN SWEDEN?

Jag minns när IKEA tillverkade sina produkter i Sverige. 1981 köpte jag en brun-orange servis på IKEA som var tillverkad av Höganäs i ett slags samarbete. Vet inte om jag skall behålla den, inte för att jag tycker den är speciellt vacker utan för att den är ett levande bevis på att ett svenskt företag tillverkat varor för Ikea. Det står både Höganäs och IKEAS namn på varje tallrik och kopp. Eller bryr sig någon om det? Jag tycker att det är intressant att se ursprungslandet och jag uppskattar att IKEA är transparent i det avseendet. Väldigt få företag avslöjar var de tillverkar sina varor. Jag minns när IKEAS kastruller började tillverkas i Vietnam. Det betydde ju att landet var på väg framåt och tog för sig. För några år sedan kunde man se att IKEAS plastgalgar var gjorda i Sverige. Oj, tänkte jag, de måste ha kommit på ett billigt sätt satt formspruta den plasten. Hur länge kommer det att vara? Även vita servetter tillverkades relativt nyligen i Sverige och det gladde mig på något egendomligt sätt att en svensk fabrik fick det uppdraget. Men den tillfredsställelsen varade inte länge, numera tillverkas servetterna i Polen och galgarna i ett annat land. Men jag fortsätter att via IKEA hålla koll på var saker tillverkas, det säger en hel del om tillståndet i världen.

EN KVART OM DAGEN

Jag minns att det inte fanns gym (som idag) när jag växte upp och män var till synes rätt nöjda med sina normala muskler och bröstkorgar. Men det fanns en man som hette Arne Tammer som i åratal försökte skapa intresse för styrketräning med små annonser i dags-och veckotidningar. Med bar muskulös överkropp manade han till oss att *"ge mig en kvart om dagen"*. Det Arne Tammers brevkurs erbjöd var styrketräning hemma utan redskap. Jag tror inte att det skulle falla dagens ungdom i smaken. De vill nog ha sina redskap på gymmet. Lite mera flash och musik.

SVARTA SLÖJOR

Jag minns hur man sörjde förr: sörjande kvinnor gick ibland med långa svarta slöjor på hatten och man hade svarta armbindlar utanpå kläderna när någon dött. En sörjande skulle ha svarta kläder på sig i flera månader, men det luckrades upp väldigt under femtiotalet.

DEN SOM SPAR HEN HAR

Jag minns ett underskåp i köket hos min mormor. Det måste ha varit en kvarleva från krigstider när man tog tillvara på allt möjligt. Där fanns en stor låda för "Korkar" och en för "Snöre", och en annan utan märkning där man samlade på diverse omslagspapper, grövre omslagspapper och finare presentpapper. Det var helt enkelt ont om dessa resurser i kristider och gick inte alltid att få tag i även om man hade pengar. Så det gällde att spara och hushålla med resurserna.

HATTEN PÅ

Jag minns när kvinnor hade hatt på inomhus när de gick på café eller på en mottagning som dop, konfirmation, kaffebjudning. På middagar på kvällen togs hatten av, men inte dagtid. Det fanns säkert oskrivna regler, men det är vad jag minns och det bekräftas av gamla foton.

HATTEN AV
Jag minns när män bar hatt och minns hur min pappa ideligen fick lyfta av sin hatt för att hälsa på alla han kände. Runtom det egna kvarteret blev det ett evigt lyftande. På kalla dagar var inte hatten till stor nytta.

HATTEN BORT
Jag minns när kvinnor slutade använda hattar i början av sextiotalet. Det var när frisyrerna ändrades från femtiotalets platta frisyrer till de betydligt större touperade frisyrerna. Det touperade håret som formades på plats med massor av hårspray var nu huvudets prydnad. Det fanns inte längre någon plats för hattar och modisterna blev arbetslösa när ingen köpte hattar längre.

LOPPIS: RESA I TIDEN
Jag minns vad jag ibland betraktade som den bästa stunden på jobbet. Efter lunchen i företagets matsal gick jag över till en slags loppmarknad, ett företag som köpte upp dödsbon och sålde allt i en gammal industrilokal. De tog tillvara på varenda pennstump så där fanns allt möjligt som, fotografier, glas och porslin, konst, böcker, maskiner, verktyg, textiler, skivor, elektronik av diverse slag. Här såldes allt som funnits i ett hem, betydligt mer personliga saker än de man hittar i en vanlig loppmarknad. Här fanns bröllopstelegram, ordnade i en prydlig bunt med en prislapp. Det enda jag tyckte var lite oaptitligt var gamla flottiga, jättestora glasögon som var moderna förr. Kanske kul för någon som sökte rekvi-

sita till en teater. Man visste aldrig vad som skulle finnas där just den dagen.

En dag hittade jag en bunt med Karl Gerhard program från femtiotalet och de måste jag naturligtvis köpa och ransoneringskort från andra världskriget? Sådana hade jag bara hört talas om men personligen aldrig sett så de måste jag ju köpa. Och några spiralblock från EPA som fortfarande låg inplastade - ja de var en kul grej. En skjorta från femtiotalet från en textilfabrik i Boråstrakten som aldrig öppnats - en sådan träffar man aldrig på igen. Måste köpa den. Inget var speciellt dyrt och de gamla sakerna var verkligen en trevlig resa i tiden.

Familjen som ägde företaget tyckte inte om modern konst, rustika saker eller engelska böcker – sådana saker hade låga priser. Saker med guld och sirliga dekorationer som jag inte var intresserad av var dyrare, så nog kunde man fynda där. Jag byggde upp ett lager på jobbet som måste tömmas och forslas hem med regelbundna intervall.

Mina kollegor tyckte att mitt intresse för alla dessa gamla saker var märkligt och ojade sig väldeliga när jag återvände med mina fynd. Som de gamla mekaniska visparna som man handvevade. De fascinerade mig. De var mestadels av pressad plåt med en svarvad och målad träknopp. Dessa mekaniska vispar ersatte handvispar och måste en gång ha varit mycket välkomna arbetsbesparande uppfinningar. De tillverkades i de flesta länder enligt i stort sett samma design.

Kommentarerna från kollegorna på jobbet kunde låta så

här: *"Vad i all världen skall du med det till"*. Det lät nästan på dem som om jag var på väg utför. Som om jag riskerade att bli beroende av något farligt. Men vad kunde jag vänta mig av försiktiga försäkringstjänstemän? Jag tyckte å andra sidan att de var egendomliga som inte var mer nyfikna och intresserade av den värld som fanns bara fem minuter därifrån. Jag vet bara att om de en gång ville vispa grädde under ett strömavbrott så kunde de inte använda sin elektriska visp. Men jag däremot som hade många fina mekaniska vispar, jag kunde vispa min grädde och rädda mig ur knipan. Och det är en ganska underbar känsla.

FÖRSKRÄCKT TJÄNSTEMAN

Jag minns ett besök till en loppisbutik innan loppis var populärt. Jag som aldrig kunde motstå en loppisbutik var på ett ärende med en kollega och jag fick henne att följa med mig in. Men med ytterst stor tveksamhet. Hon avskydde nämligen allt *"gammalt och äckligt"*. Hon höll armarna tätt intill kroppen, livrädd att vidröra gamla äckliga plagg. *"Fy vad hemskt, hur kan du handla här, vad äckligt. Vad det luktar illa"*. Hon ryste till. Jag däremot var i sjunde himlen och hittade snabbt en beige manchesterkavaj som var modern på den tiden. Jag betalade femtio kronor och när vi var ute på gatan kollade jag fickorna och visade henne belåtet: *"Se, jag fick en Albyl" på köpet"*. Jag trodde hon skulle svimma.

Nu när alla går på loppis kan jag ge mig sjutton på att hon är där och springer också. Utan att svimma.

RIVNINGSKONTRAKT

Jag minns när man som ung med stor lätthet kunde få hyra omoderna lägenheter i Haga eller Annedal. Det var visserligen kortvariga rivningskontrakt men det var toppen att kunna flytta hemifrån, och dessutom få en billig central lägenhet. Jag känner en tjej som hade två sådana lägenhet. Det var tider det.

NY KAFFETREND

Jag minns när vi i Sverige böjrade dricka vad vi idag kallar för "latte", en italiensk kaffedryck gjord av skummad mjölk och espressokaffe. Men vägen dit gick via vad vi då benämnde som "café au lait" gjord på samma sätt av skummad mjölk och espressokaffe. Café au lait serverades i en "boule", en rustik skål av glaserat stengods. Den rätt tunga skålen fick man balansera med två händer och dricka så gott det gick. Väldigt gott. Och väldigt exotiskt för oss svenskar som tidigare mest druckit bryggkaffe ur vanliga koppar eller muggar. Kanske en del gamla som druckit kaffe på fat (tefat) och kunde balansera tefatet med ena handens fem fingrar, tyckte det var roligt att se "moderna" människor dricka på fat igen.

VÄRMA MJÖLK MED ÅNGA

Jag minns när vi i Göteborg började dricka café au lait och tekniken inte riktigt slagit igenom. Då blev uppvärmningen av mjölken med sprutande ånga väldigt sisådär. På det största innefiket på Avenyn hade ägarinnan anställt supereffektiva unga och glada tjejer som skulle hantera den enorma publiktillströmningen. De skyndade på kunderna med rappa *"Är det bra så?"* en kvarts sekund efter kunden uttryckt vad de ville ha. Och istället för ett *"Varsågod"* blev det istället ett vänligt och bestämt *"Sådär!"* Det ordet tror jag drev på flödet bättre och ökade kundgenomströmningen. De effektiva flickorna skulle egentligen stå vid mjölkkannan under uppvärmning med ångan och se till att temperaturen blev precis rätt, men de lät ofta kannan stå ensam medan de gjorde annat med kunderna. Detta resulterade i att mjölken kunde vara nästan kokande och som kund kunde man väldigt lätt bränna sig i munnen på kaffet. Jag minns många blåsor i gommen. Men bättre för varmt än en ljummen latte. Numera används ofta en termometer vid uppvärmningen och det finns en helt annan medvetenhet hur en latte skall tillverkas.

SORGLIGT SLÖSERI MED SKOR

Jag minns när skor inte längre kunde sulas om. Under många hade jag inte hjärta att slänga helt perfekta läderskor (fem lågskor och fyra kängor). De såg nästan helt nya ut men när man vände på dem var sulorna helt söndertrasade. Skomakaren skakade på huvudet; omöjligt att sula om. Det stod "Made in Denmark" på en del av dem så de var tillverkade för många år sedan. Lädret var så fint att jag behöll dem helt mot all logik. Men när jag upptäckte att sulornas gummi/plast hade börjat klibba, då slängde jag dem. Det kändes fullkomligt galet med ett sådant slöseri. Idag gör tillverkaren sina sulor annorlunda, de slits inte på samma sätt. Men skorna kan fortfarande inte sulas om. Med vår nya miljömedvetenhet borde alla läderskor kunna sulas om. Kan det vara så svårt? Det vore ett ypperligt tillfälle att spara på jordens resurser.

NYA SPÅRVAGNAR

Jag minns när de nya moderna spårvagnarna (M25) levererades till Göteborgs Spårvägar. De var byggda på Hägglunds i Örnsköldsvik och så många som 125 levererades mellan 1958 och 1962. En klasskamrat, i Landalaskolan (Christer A) hade en mamma som arbetade som spårvagnsförare på de nya spårvagnarna. Det var väldigt annorlunda och nytt för oss barn, att våra mammor som ju till största delen var hemmafruar började arbeta. Då i slutet av femtiotalet var det vanligast med män i de flesta yrken.

"BILKULTUR"

Jag minns en incident i min mosters bil. Vi barn satt i baksätet, och framför oss, på framsätets baksida fanns en läderlindad stropp som vi barn betraktade som ett stort handtag som vi satt och drog i. Det var naturligtvis irriterande för de som satt i framsätet och vi blev skarpt tillrättavisade av min moster som körde. Hon förklarade vad stropparna användes till, nämligen att hänga en filt på så att passagerna där bak inte skulle bli kalla. Värmen var inte alltid så bra i baksätet på den tiden. Efter tillrättavisningen fnös hon: *"Har ni verkligen ingen bilkultur?"*

SPARA OCH SLÖSA

Jag minns seriefigurerna Spara och Slösa i Sparbankens tidning "Lyckoslanten". Slösa slösade bort sina pengar på godis och nöjen, hade mörkt stripigt hår och fula tänder. Serien skulle avskräcka från att vara slösaktig och förebilden var den blonda Spara som var förnuftig, händig, och hjälpsam — och framförallt sparsam.

ALGOTS

Jag minns reklamen *"Säg Algots - det räcker"*. De flesta barn hade något plagg från Algots. Algot Johansson (Algots) hade år 1952 över 1000 anställda på sina fabriker i Boråstrakten. Många av de kläder vi köpte i Sverige var tillverkade här eller på ett annat svenskt företag. Sverige hade en jättestor textilindustri.

MODERNT

Jag minns hur man på femtiotalet vurmade om det som var "modernt". I Stockholm med inspiration av modernism och framstegsoptimism revs det massor av hus i innerstan. Hötorgscity och Sergels Torg växte fram ur de kratrar som skapats.

I inredningskretsar talades det om "det funktionella och lättstädade". Onödiga lister och krusiduller som "samlade damm" skulle undvikas. Att ha en kristallkrona i köket (som är populärt idag) skulle då anses helt galet.

Vår granne, förmodligen inspirerad av tidsandan ansågs väldigt klyftig när hon hade spikat masonit på fina spegeldörrar och målat om dem. De hade därmed förvandlats till släta fina "moderna" dörrar. Grannarna bjöds in för att beskåda underverket. Hon fick mycket beröm. Förr oss idag kan det verka väldigt egendomligt, men det visar hur vi tänkte då, det kan kanske förklara varför inte fler protesterade mot rivningsraseriet.

Önskan efter det "moderna" gjorde att en annan kvinna renoverade en äldre lägenhet på Viktoriagatan. Taken med stuckatur sänktes och blev liksom väggarna helt släta. Nya dörrar och sjögrästapeter fullbordade det hela.

TEAK

Jag minns den enorma frossan i teaktillverkade möbler och brickor på femtiotalet. Teak och även andra exotiska träslag som jakaranda signalerade det moderna, nya och strömlinjeformade som efterfrågades med det ökade välståndet. Råvaran importerades till Sverige och tillverkningen skedde här i Sverige. Det kändes kittlande nytt att servera smörgåsar direkt på teakbrickor.

"TANTER"

Jag minns när man kallade alla äldre kvinnor för tant. Idag säger ingen "tant" längre och det verkar säkert väldigt gammaldags att säga "tant", men det var så man gjorde då. När jag reser tillbaka i minnet och besöker min kära tant Ingeborg då kan jag bara inte göra våld på mig själv och ta bort "tant" och ha kvar "Ingeborg". Då plockar man isär något som inte är demonterbart. Och jag *vill* säga *"tant Ingeborg"*. Det känns tryggt.

SKOLA

NYA ORD PÅ LANDALASKOLAN

Jag minns att jag fick lära mig en massa nya göteborgska ord när jag bytte skola och hamnade i en pojkklass i Landalaskolan. Ord som "fjös" och "löö" hade jag aldrig hört förr. Killarna i pojkklassen hade en massa konstigt hyss för sig. Ett tiotal kunde börja knuffas på varandra i ett hörn på den stora tegelbyggnaden samtidigt som de rytmiskt vrålade om och om igen: *"Kom å knööö alla som har lööö!"* En annan knepig sak var ett speciellt, eget ljud som de i klassen kommit på. Det var ett nasalt vrål som utstöttes samtidigt som fötter och händer vreds utåt på ett speciellt sätt *"Spjäänch"*. Ja, det var mycket nytt.

VARMA HÖNÖKAKOR PÅ MOLINSGATAN

Jag minns varma hönökakor man kunde köpa direkt från Hönöbageriet på Molinsgatan i Göteborg. De bakades i en vedeldad ugn. En del hönökakor blev lite ojämna eller lite för mycket bakade, så de såldes billigt till eleverna i Landalaskolan, Götabergsskolan och Hvidtfeldtska läroverket som alla låg i närheten. De var bättre än godis och kostade femtio öre. Vi åt dem varma, utan något på, direkt ur påsen. Särskilt de som var lite brända var de godaste. Gärna lite salt på. Mums! Bageriet hade startat 1914 på Hönö av en kvinna som hette Jenny med sju barn. 1935 flyttades bageriet till Molinsgatan i Göteborg.

ÖRFIL

Jag minns en örfil jag fick i Landalaskolan av en lärarinna när jag skämtsamt jagade en tjej in i flickornas klassrum. Därinne stod lärarinnan och gav mig en rungande örfil när jag kom farande in. Det var helt accepterat på den tiden. När min farfar var barn ansågs det helt OK att aga barn även om de inte gjort något just då. De skulle inte dröja länge förrän de hittade på något. Lite stryk kunde vara bra i förebyggande syfte tydligen.

BAMBA

Jag minns bamba på Landalaskolan som låg i Götabergsskolan tvärs över gatan. Lapskojs, leverstuvning eller matjessill var mat jag avskydde. Passade inte till barn. Men det var rätt typiskt för den tiden. Man tänkte inte ur barnens perspektiv då. Man fick aga barn och tyckte att "maten skulle tysta mun" och att barn skulle "synas men inte höras".

VITKÅLSLINGON

Jag minns "vitkålslingon", en vidrig blandning av vitkål och lingonsylt som serverades i bamba. Den undvek jag definitivt. Jag kan fortfarande känna den äckliga doften av leverstuvning (små torra leverbitar) i sås och vitkålslingon. Av någon underlig anledning serverades de alltid tillsammans.

SKOLA PÅ LÖRDAGAR

Jag minns att vi gick i skola på lördagar och innan jag

gick till skolan lyssnade jag ofta på radions "Frukostklubben" med Sigge Furst. Det var ett populärt program.

NÄSTAN STUDENTEXAMEN
Jag minns att mina föräldrar hade några vänner som var otroligt omtyckta. De hade en ende och mycket älskad son som hade det svårt i skolan och när han skulle ta studenten var det risk att han skulle bli underkänd på de muntliga förhören. Då fick man ingen examen. Det var en stor spänning. Föräldrarna hade ordnat med en stor fest för alla vännerna. Tyvärr "körde" sonen i de muntliga förhören (blev underkänd). Det var en stor besvikelse men föräldrarna och alla vännerna som var inställda på en fest beslöt att festen skulle gå av stapeln trots allt. Man kunde ju inte bara slänga maten.

SKATÅS
Jag minns många vinterpromenader i Skatås med skolan och speciellt minns jag mina iskalla fötter. Skorna på den tiden var inte så väl isolerade som de vi har idag.

SPRITSTENCILER
Jag minns doften av spritdoftande blå stenciler. De var ofta färska och fuktiga när läraren överraskade med ett oplanerat skriftligt prov på morgonen.

SPRUTOR PÅ ODINSSKOLAN
Jag minns när vi elever fick gå till Odinsskolan för att bli vaccinerade. Det var rena rama skräcken. Jag tror att de

trubbiga nålarna kokades mellan användningen — inga engångsnålar då inte.

KULSPETSPENNOR

Jag minns när kulspetspennor var förbjudna att användas i skolan. Välskrivning var ett ämne i skolan då och det var viktigt att man hade en vacker handstil. Så småningom blev kulspetspennor tillåtna, när de inte längre lämnade plumpar efter sig.

BYTESHANDEL

Jag minns att lunchen i kindergarten bestod av medhavda smörgåsar. Alla som hade ost på smörgåsen och det var så gott som alla, bytte små bitar sinsemellan. De måste ha smakat ganska lika för det var mild herrgårdsost för det mesta. Men förmodligen gillade vi vår lilla ritual. Undrar om någon annan av mina klasskamrater från kindergarten minns den?

ÖDESDIGER SNÖBOLL

Jag minns när jag och några andra skolkamrater (någon lyckades träffa rätt) kastade in en snöboll genom ett öppet fönster på Prinsgatan. Det rapporterades till skolan och vår lärare gav oss en rejäl utskällning. Vi var tvungna att gå dit och be om ursäkt annars skulle det inte bli någon julavslutning. Jag visste att jag inte kastat snöbollen, jag var usel på bollkastning men jag var med de andra så det var bra till att gå upp till damen på Prinsgatan och framföra vår kollektiva ursäkt.

VIETNAM

Jag minns Vietnamkriget och det djupa engagemanget som ett halvt dussin av mina klasskamrater uppvisade. De hade ju stöd från statsminister Olof Palme och det sammanlagda engagemanget var annorlunda än idag när vi har andra kommunikationskanaler och tekniska plattformar som konkurrerar om uppmärksamheten. Jag undrar om vi då, någonsin kunnat ana att Vietnam efter krigets slut, skulle utvecklas till ett land som sålde kastruller och bestick till ett globalt IKEA? Eller att grannlandet Kina som då mest var intresserat av Mao och hans lilla röda bok skulle bli den stormakt det är idag och ta över nästan all produktion av västerlandets konsumtionsvaror - och att Volvo skulle bli kinesägt?

PUTTEKULOR

Jag minns när vi spelade puttekulor på Landalaskolan. Det var bara att sätta sig på marken i ena hörnet av skolgården och placera priset, en liten tennfigur eller en hög med kulor. De som vann var de som lite aggressivt kastade sig framåt samtidigt som de siktade på kulan som man måste träffa för att vinna.

"BACILLER"

Jag minns att jag varit hemma från skolan med någon av de vanliga barnsjukdomarna och hade samtidigt fått ett fodral av plast (man kallade det för plastik då) till min övningsbok i räkning. Det passade precis och jag var väldigt stolt för det var ovanligt med plast då. Läraren tittade på den och slet genast av plastfodralet och slängde det i papperskorgen. "*Baciller*" väste hon. Där låg fodralet och jag vågade inte plocka upp det. Jag fick det aldrig tillbaka. Det var naturligtvis lika mycket baciller på ett pappersomslag, men jag tror att hon inte ville att jag skulle tro att jag var förmer än de andra i klassen bara för att jag hade ett plastikfodral på räkneboken och jag skulle minsann sättas på plats.

MORGONBÖN

Jag minns morgonbönen i Majornas gymnasium. Det var tvång och de som inte deltog blev uppskrivna av vakter (elever) som stod vid varje ingång. Det var en mycket gammaldags rektor som militäriskt marscherade in till morgonbönen varje morgon med alla lärare i följe. Han satt längst fram, aggressivt bredbent och stirrade barskt ut över eleverna. Om någon samtalat under morgonbönen blev denne inkallad till rektorn som levererade en gammaldags utskällning så det ven runt öronen. Han njöt av att vråla tror jag. Så småningom fick vi en modern rektor som införde frivillig morgonsamling. Det var som dag och natt.

RÖKRUTA

Jag minns att vi hade en rökruta på gymnasiet. Men de som inte stod exakt inom rökrutan blev haffade av rektorn och en lärare som plötsligt slog till och pekade ut de som förbrutit sig. De fick alla marschera upp till rektorsexpeditionen där den gamle rektorn med sin bistra och hotfulla uppsyn vrålade ut en rejäl utskällning. Sedan fick de gå. Han var verkligen den siste av den auktoritära generationen. Älskade att skrika.

BELÖNING
Jag minns att läraren i första och andra klass hade en stor plåtburk med lakritskakor, de såg ut som mynt, som delades ut till flitiga elever.

BJÖRNKLISTER
Jag minns mandeldoften från Björnklister och den lilla borsten av metall och naturliga borst, den satt i ett speciellt fack i den runda plåtburken. Plåtburkens efterföljare var en plastburk med plastspatel.

FARLIG SLÖJDLÄRARE
Jag minns hur livrädda vi killar var för slöjdläraren Andersson ("Ånnessånn" på göteborgska) på Landalaskolan. Han var stor och kraftig och väldigt barsk och vi närmade oss honom med stor försiktighet. Det gick ett rykte att han lyft en kille i håret. Hade man lånat ett verktyg tittade han på en väldigt strängt vid utlämnandet och sade: *"Döööö, glumm inte å adressen"*. Det var ingen som glömde att lämna tillbaka de utlånade verktygen.

SKOLTANDVÅRD "PUDERVIPPAN"
Jag minns hur vi i Landala och Götabergsskolan var livrädda för att gå till folktandvården och den hårt sminkade, hårdhänta kvinnliga tandläkaren som kallades för "Pudervippan". Det gick skräckhistorier om henne. Det

sades att hon borrat igenom kinden på någon och än idag, 60 år senare, kommer det in blogginlägg på min blogg ("Viktor Trappsteg") om hur hemsk Pudervippan var. Det talas om sadism och slagsmål och allt möjligt. Min pappa var tandläkare och som tur var slapp jag att gå till Folktandvården och Pudervippan.

CAFÉ LA SALLE

Jag minns Café La Salle som låg bredvid Majornas Gymnasium. Där tillbringade jag och mina kompisar många timmar i tjock cigarettrök. Det var alltid någon som höll på med flipperspelet så ljudnivån var hög. Där åt vi goda ostmackor på thékakor istället för att gå till bamba. I all högsta grad ohälsosamt.

ROSA UNDERBYXER

Jag minns att om man hade oturen att kissa på sig i kindergarten så fick man ta på sig ett par jättestora rosa underbyxor som låg i lärarinnans skåp. Vi aktade oss noga för att kissa på oss för ingen ville ha dom där äckliga rosa underbyxorna på sig.

ÄGGET I KUNGSPARKEN

Jag minns att det på femtiotalet dök upp en skulptur i Kungsparken i Göteborg. Det var en leksulptur kallad "Ägget" eller "Påskägget" av den danske skulptören Egon Möller-Nielsen. Materialet var gjuten betong och äggets utsida, skalet, hade ett rutmönster som vi idag identifierar som typiskt femtiotal.

Det var en "lekskulptur" och skulle förmodligen både vara en prydnad och något för barn att leka inuti -- den var nämligen ihålig. Det var en perfekt placering där i ena sidan av Kungsparken, där lekte nämligen många barn inklusive barnen från Katolska skolans kindergarten där jag och mina syskon gick.

Kindergarten var inhyst i ett rum i KFUMS hus på Erik Dahlbergsgatan och styrdes av syster Damasia. Hon kunde verka lite bister och hade definitivt pondus. Henne bråkade man inte med. På rasterna lekte vi i Kungsparken och det var på så sätt jag kom i kontakt med den äggformade lekskulpturen. Man kunde krypa in i ena ändan och ta sig upp och åka ned för en rutschkana och komma ut på andra sidan. Det var många som gjorde det och hade väldans roligt, men jag höll mig av någon anledning utanför.

Jag har många gånger på senare år när jag passerat ägget, funderat över varför jag aldrig gick in i det. De andra tycktes ju ha så roligt när de klev in i mörkret och kom ut på andra sidan. Jag har som vuxen tittat på ägget igen och känner samma sak som då. Det var något instängt och klaustrofobiskt över att krypa in i det trånga utrymmet. När det regnade var det vått i ägget. En gång hade någon bajsat där så därefter var ägget definitivt oaptitligt för mig.

Jag undrar om det är ett uttryck för ett primitiv försvar, några gener från Neanderthalmänniskorna som vi alla bär på. Det kunde på den tiden innebära en fara att krypa in i mörka hålor och grottor. Att vara försiktig kan vara en överlevnadsmekanism, men också ett sätt att missa positiva erfarenheter. Applicerat på livet i stort så kan en sådan försiktigsinstinkt betyda skillnaden mellan liv och död, en distinkt fördel.

SKANDAL PÅ RÖRÖ

Jag minns min katolska kindergarten och Syster Damasia som var väldigt bestämd och naturligtvis påverkade oss små barn med vad hon sade. I parken lekte andra barn och några pojkar var busiga och högljudda och syster Damasia fnös föraktfullt: *"gatpojkar!"* Barn snappar upp vuxnas ord som sedan kan dyka upp i barnens mun vid de mest oväntade tillfällen och sammanhang. När jag som femåring fick följa med vår barnflicka Ewy till hennes föräldrar på Rörö var detta en höjdpunkt. Det var spännande att träffa Ewys föräldrar, farbror Knut och tant Margot.

På söndag när hela familjen promenerade tillbaka från kyrkan var det många som ville hälsa. Det var en liten ö där alla kände alla och de flesta hade varit i kyrkan. På Rörö var många väldigt religiösa, bland annat farbror Knuts två systrar som kom fram för att hälsa på oss.

Vuxna gör ibland misstaget att skämta med barn, men barn förstår inte skämt och ironi, de tar allt på fullt allvar. En av farbror Knuts systrar ville skoja lite med mig och sade:

"Nu tar vi med oss farbor Knut hem, han är vår lillebror..."

Detta upplevde jag som väldigt hotfullt och sökte i den femåriga hjärnan efter ett lämpligt svar. Jag hittade orden som syster Damasia kallat de busiga pojkarna, de hade ju varit "gatpojkar" och de hotfulla systrarna som hotade att kidnappa Ewys pappa var "busiga" när de hotade att ta med farbror Knut, så min lilla hjärna kom snabbt fram med svaret:

"Ni är ena riktiga gatanflickor!"

Det var inte riktigt vad de religiösa systrarna hade väntat sig den söndagsmorgonen när de promenerade till kyrkan. Att bli kallade för gatflickor av en femåring! Och strax efter högmässan. Ja det blev ett himla liv.

SKOLDANS

Jag minns när jag gick på skoldans så var det dixieland band som spelade. Inte så lätt att dansa efter tyckte jag. Sedan kom Beatles och allt förändrades. Tack!

SKOLMISS?

Jag minns att det var först på gymnasiet som jag genom skolans undervisning fick lära mig om nazismen under andra världskriget. I USA däremot var alla elever i high school tvungna att se de filmer som amerikanska försvaret filmat i koncentrationslägren och förintelselägren i Tyskland och Polen. USA ansåg att ingen skulle vara ovetande om vad som hänt under kriget. Tänk om samma ambition funnits i Sverige? Valde vi att vara tysta och glömma? Mina föräldrar berättade aldrig om kriget eller nazismen och de tyska hembiträdena var av naturliga orsaker tysta de också.

ELEKTRONIK

SKALL NI KÖPA VIDEO?

Jag minns väldigt väl när vi på jobbet i slutet av 1979 började tala om "videovåldet" som hotade invadera våra liv om vi skaffade video. Ville föräldrar verkligen utsätta sina barn för hemska filmer som "Motorsågsmassakern"? Om de själva valde att inte köpa video kunde ju grannen göra det och risken fanns att barnen blev exponerade oavsett. Alla visste att det var en ny, ibland våldsam värld som skulle öppna sig för dem och deras barn. Vi levde då i en relativt oskuldsfull värld utan datorer, mobiltelefoner och utan internet där de flesta dagen innan hade sett på samma TV-program. Så därför var det vanligt att vi på jobbet sökte stöd hos varandra när vi nervöst frågade varandra *"Skall ni köpa video?"*

VHS ELLER BETAMAX?

Jag minns valet, det var nästan som när man skulle välja mellan Elvis och Tommy. Fast nu var det video system: Betamax (med den bästa bildkvalitén) eller VHS? Båda slogs om förstaplatsen. De som hyrde ut video hade båda systemen i början. Men sedan var det VHS som till sist vann kampen.

HYRA VIDEO

Jag minns när alla hyrde video och det fanns videobutiker utspridda över hela stan. De sålde även godis som vi skulle konsumera medan vi tittade på filmerna. På fredagar bar vi hem en påse med filmer (och kanske godis och chips) som man fick ha i tre dagar. Sedan skulle de lämnas tillbaka. Nu är videobutikerna borta och vi streamar filmer istället. Det gick fort. Det där med att hyra videofilmer var en mycket stor del av våra liv. Har vi glömt bort den? Vem skriver vår elektroniska historia?

TV-SOPPA

Jag minns när TV-apparater kom i mitten på femtiotalet. Då fick alla annonsörer fnatt och ville ha ordet TV med i annonserna. Då lanserades TV-kannor (termos med handtag av metall eller flätad rotting) och TV-soppa som var samma gamla kött eller grönsakssoppa men med nytt namn.

I varenda kvarter fanns det TV-handlare, alla svenska hushåll skulle ju förr eller senare skaffa en TV. För att locka kunder fanns alltid en TV på i skyltfönstret med en högtalare utanför. Ofta stod en hel hög människor utanför och lyssnade, speciellt när det var något populärt program på gång.

TRANSISTOR

Jag minns när transistorradion kom och med ens blev radion så mycket mindre. Pappa och många andra i Sverige kallade den nya mindre radion (felaktigt) för "transistorn" efter de transistorer som ersatte de skrymmande elektronrören av glas. Nu kunde man ta med radion till stranden när de också blev batteridrivna.

LEIF SÖDERGREN

ELEKTRONISK ÅTERVINNING 1956

Jag minns när min kusin bodde hos oss över ett påsklov. Han delade rum med mig och fick ligga i en låg utdragbar säng som var under min. Min kusin älskade allt som hade med elektronik att göra och han hade upptäckt att radiohandlarna hade mängder av de gamla jättestora radioapparaterna i sina lager, de hade ju blivit omoderna när transistorradion kom. Min kusin hade upptäckt att han kunde köpa dessa stora åbäken för nästan ingenting. Han besökte många av dessa radiohandlare och köpte på sig många av de stora apparaterna och var hamnade de? Jo, i mitt rum, på tre hyllor som jag precis fått monterade men som ännu inte fyllts. Nu var de proppfulla med min kusins elektroniska skrot. Han öppnade och testade apparaterna och tog tillvara på högtalare och diverse annat. Det pågick i många dagar tills jag fått nog och sade att detta måste bort.

Sent en kväll bestämde vi gemensamt att bära ner apparaterna till gården där soptunnorna stod. För att bespara oss arbete med att gå flera gånger i fyra trappor kom vi på att vi kunde hissa ned dem till gården med ett rep. Tyvärr brast repet och två stora gammaldags radioapparater brakade i marken precis utanför herr och fru Bergmans sovrum som vette mot gården. Vi blev livrädda och släckte alla ljus. Vi kikade försiktigt ut och såg att herr och fru Bergman sopade ihop splittrat trä och krashade radiorör och lade allt skräpet i soptunnorna. Sedan gick de in i sin lägenhet och fortsatte att sova. Oj vad våra hjärtan bultade.

TELEFON

Jag minns telefonen i korridoren utanför mitt rum och alla som stod där och samtalade. Innan telefonen kom kommunicerade man med telegram, så människor var vana att vara kortfattade och när telefoner installerades var den allmänna uppfattningen att de var avsedda för korta meddelanden. Telefonen (ofta bara en) installerdes på ett centralt ställe i bostaden, exempelvis i en hall. Vår svarta bakelittelefon med fingerskiva (även kallad för "petmoj") satt på en liten hylla ovanför vår fotdrivna Singer symaskin i en lång korridor så där fanns inga sittmöjligheter. Här hamnade alltså familjens medlemmar som behövde ringa. Jag som bodde i rummet bredvid hörde allt som sades. När jag inte var i rummet slapp de telefonerande familjemedlemmarna att stå upp eller hänga på symaskinen - de kunde dra med telefonen in till mitt rum där det fanns en bekväm stol att sitta i.

ÖVERDEKORERADE DOKUMENT

Jag minns när de nya datorerna kom och vi började skriva egna dokument. Vi var vana vid att skriva på manuella eller elektriska skrivmaskiner som bara hade ett specifikt typsnitt. Nu hade vi massor av fonter och färger att leka med och nu skulle vi verkligen utnyttja allt det fina som fanns tillgängligt. Och det gjorde vi med besked. Det blev brev med ett flertal fonter, storlekar och färger. Jag hoppas att det finns ett museum någonstans som har samlat på de groteska dokument som producerades. De är ju en del av vår elektroniska historia.

PÅ JOBBET

VARSÅGOD OCH RÖK!
Jag minns när man fick röka på kontoret. Företaget där jag arbetade hade när det nya kontoret byggdes, designat nya möbler och egna, vackert formgivna askfat i två modeller. Överallt i kontorslandskapet satt folk och rökte, och anställda och besökare tog gärna upp en cigarett och rökte när andan föll på. Som tur var drog ventilationen upp röken väldigt bra men röklukten var märkbar. Det var nytt med kontorslandskap på 70-talet och de anställda satt verkligen i ett "landskap" med stora utrymmen mellan skrivborden. Man kunde faktiskt tala lågmält och undgå att bli hörd av andra. Därför var rökningen mindre påträngande då.

BETYDELSEN AV EN BESÖKSSTOL
Jag minns hur mitt företag byggde sitt nya kontor 1974 och att det innehöll fyra våningar med stora kontorslandskap på varje plan. Där i landskapet med ljuddämpande heltäckningsmattor fanns nydesignade skrivbord och mitt framför varje anställds skrivbord stod en nätt, men bekväm och mjuk besöksstol. Nu i efterhand ser jag en hel del symbolvärde i den. Bara det att den fanns där, mitt framför varje anställd, inbjöd kollegor och andra till ett bekvämt och avslappnat samtal. Vissa hade så pass stora utrymmen omkring sig att ett samtal kunde

vara relativt privat. Om man hämtade besöksstolar från andra arbetsplatser kunde man lätt ha ett avdelningsmöte mitt i landskapet utan att behöva gå från avdelningen och boka ett rum. Det innebar stora fördelar.

Företagets attityd gentemot de anställda i mitten på sjuttiotalet var synnerligen positivt. Men med åren upplevde de anställda vid interna omflyttningar som ofta sker på ett företag, att utrymmen krympte mellan skrivborden och plötsligt vid en ny ommöblering fanns besöksstolarna inte med på ritningarna längre.

Skrivborden var placerade mot skärmväggar och bakom kontorsstolen stod en bokhylla. Det saknades utrymme för en besöksstol. Det fanns några obekväma klappstolar av trä som skulle kunna användas till "besöksstolar" om man kunde klämma in dem på något sätt men även dessa försvann vid nästa omflyttning.

Budskapet var klart: Inga besöksstolar och trängre och trängre för de anställda. Allt mer press att prestera mer på mindre tid, räkning och avlyssning av samtalen Och besöksstolar? Ja de finns numera bara i direktörernas rum. Ordet har nog försvunnit ur den gemensamma arbetsplatsvokabulären -- det är ju så sjuttiotal.

INGA PRESENTER TILL PERSONALEN

Jag minns när företaget fick för sig att ge bort personalens julklappar till andra. Den långa traditionen med julklappar till personalen från företagsledningen skulle plötsligt brytas och det gjordes via ett slags präktighetsjippo där personalen skulle rösta på olika välgörenheter som skulle "få deras julklapp". Det var ett stort ståhej och i slutändan fanns det bilder på nätet med någon från företagsledningen som överlämnade gåvan som köpts av de pengar som i vanliga fall skulle använts till att köpa julklappar till personalen. Det var en högtidlig ceremoni som förmodligen skulle få personalen att svälja att de inte längre fick en julklapp samtidigt som de inte kunde klaga, för då kunde de ju låta missunsamma mot den mottagande välgörenhetsorganisationen. Det hela var egentligen ganska märkligt - vad hindrade företaget att ge personalen julklappar *och* pengar till välgörenhet? Det ena utesluter ju inte det andra.

SOMMARJOBB I STOCKHOLM

Jag minns när man som ungdom i Sverige alltid kunde få tag på ett sommarjobb. Det var bara att välja och vraka. 1968 bodde jag i Stockholm och behövde lite pengar. Jag fick snabbt ett jobb på Åhléns på Söder. Matavdelningen där jag placerades var inte speciellt stor men det fanns många anställda. Familjen Åhlén ringde in och beställde varor som skulle skickas hem till dem förmodligen till deras sommarställe.

Mitt jobb vara att hämta upp varor från lagret till butiken och stämpla priset med en blå stämpel på alla varor. Jag fick beröm för jag hittade alla möjliga varor på lagret som aldrig kommit upp till butiken. Ett sillfabrikat där det inte fanns ett pris att uppbringa, och ingen var speciellt intresserad att hjälpa till, där tog jag samma pris som jag hade satt på en annan sillburk av samma storlek.

Nu när jag skriver slår det mig att just de sillburkarna kanske inte var ämnade att säljas i butiken, kanske de var ämnade att skickas till familjen Åhlén när de gjorde sina beställningar. Vem vet, det priset jag använde måste ha varit på tok för lågt för alla burkar försvann på en dag. Alltid blev någon i Stockholm glad den dagen.

SEKRETERARE

Jag minns när jag började arbeta på kontor i mitten av sjuttiotalet. Jag var trettio år och undrade hur i all världen de anställda kunde komma till kontoret så lydigt varje dag och sitta i sina bås i kontorslandskapet och gå hem lika lydigt. Det tog en vecka innan jag själv tyckte det var helt normalt. Att diktera brev till äldre kvinnor som satt framför mig i besöksstolen med ett stenografiblock, det kändes obekvämt. Jag kunde inte bara spotta ur mig ett brev så jag gjorde ett utkast som sekreteraren skrev av. Sekreterarna kunde språk och grammatik och såg till att allt som lämnade avdelningen hade passerat deras hårda kontroll. På så sätt säkrades kvalitén på det som skickades ut från kontoret.

Kopior av alla brev som skrevs på avdelningen cirkulerade på två olika avdelningar (för att senare arkiveras). Alla såg breven och det var ju viktigt att de såg korrekta ut, inte bara för kunderna, utan även inför kollegorna. Genom att alla läste allas brev fick vi information om vad som pågick på företaget. De fanns en del äldre kufar som tyckte om att läsa brevkopiorna med en rödpenna i handen. När brevkopiorna kom tillbaka för arkivering fanns det en del anonyma kommentarer och rättningar med rödpenna vilket inte alltid upplevdes så där jättepositivt av de som författat breven.

När datorer anlände och sekreterarens jobb försvann och de gamla hundarna skulle lära sig att sitta. Vadå använda dator, vaddå skriva brev? Själva? Det gjorde ju sekreterarna bäst. Det tog några år innan det blev en övergång och under de år som det skedde en tillvänjning, var det mest äldre herrar som fjäskade med de få sekreterare som var kvar.

En del yngre förmågor som aldrig hört talas om sekreterare kastade sig med stor glädje in i brevskrivandet nu när företaget bestämt att vi skulle göra det själva. När den unge, snygge och totalt orädde Axel skrev sina egna brev blev det ett himla liv på resten av avdelningen. I breven babblade han på om allt möjligt från den underbara princesstårtan på kundbesöket till omtanke om någon, ibland med stavfel, men med en rättframhet och avväpnande charm som aldrig funnits i de brev som skickats från företaget. Så småningom bytte Axel jobb och det blev lugnt på avdelningen.

Alla började skriva egna brev i sina datorer men utan sekreterarna, de övervakande språkpoliserna. Datorn rättade de flesta felstavningar men breven blev aldrig igen så enhetligt korrekta som när sekreterarna styrde. Var det verkligen nödvändigt att allt skulle vara så himla noga? Det kompromissades med det ena och andra både på vårt och andras företag, vi satt ju alla i samma båt. Det ordnade sig. Vi flöt med.

DEN SMATTRANDE TELEXAPPARATEN

Jag minns att innan fax, epost och datorer uppfanns så fanns det ett sätt att nå andra i utlandet (förutom att skriva brev på manuella eller elektriska skrivmaskiner). Det var telex. Det var oftast bara en eller två sekreterare som behärskade den. Alla andra var beroende av dem och den högljudda smattrande maskinen. De som behärskade telexen skrev in ett meddelande till mottagarens telexnummer och ibland kunde den personen spendera hela dagen med att skicka skyndsamma telex för diverse personer på kontoret. Det som skickades iväg var telegrafiskt kortfattat. Samtidigt som meddelandet skrevs in kunde operatören få en kopia av meddelandet på en hålremsa - om meddelandet behövde upprepas (när man hade tidspress eller ville utöva påtryckningar). Då matades remsan in på ett speciellt sätt i maskinen. Telexen var viktig när den var det enda kommunikationsmedlet, men så fort faxen kom föll den i glömska.

FAXEN

Jag minns när faxen kom (Brother började sälja faxar i Sverige 1987) och vi på kontoret upplevde den som en fantastisk revolution. Här kunde man skriva ut ett brev som några sekunder senare dök upp på andra sidan jordklotet. Tidigare hade brådskande besked skickats via den komplicerade telexapparaten som bara sekreterare behärskade. Några år senare kom datorer, först som hjälpmedel för sekreterare men så småningom fick alla en egen dator, en stegvis process.

"STANSGRUPPEN"

Jag minns "stansgruppen" på jobbet, och inser därmed att jag verkligen skådar långt tillbaka i den tekniska utvecklingen, hela vägen till mitten av 1970-talet då det inte fanns datorer med skärmar på varje anställds skrivbord.

Stansoperatriserna (de var alla kvinnor) satt för sig och slog på sina tangentbord. De hade en speciell sammanhållning och tycktes trivas fint tillsammans. Vi andra visste ju inte att en dag så skulle vi alla sitta framför en skärm och ett tangetbord och mata in information. Det som matades in av dessa kvinnor printades ut på stora papper i Stockholm och skickades ned till Göteborg där de vecklades ut och granskades av handläggarna. De korrigeringar som skulle utföras noterades med rödpenna och skickades sedan in till kvinnorna i stansgruppen som genomförde dem. Därefter producerades nya papper som granskades och kanske korrigerades ytterligare en eller flera gånger. Det var en otymplig rundgång som krävde en stor personalstyrka och otroligt mycket papper. Idag sköts allt i datorer av betydligt färre anställda.

TOLERANS PÅ ARBETSPLATSEN

Jag minns kontorslandskapet och dess för och nackdelar. Man kunde se och höra det mesta, men det fanns ett fåtal personer som var extremt högljudda och totalt omedvetna om sin extrema ljudnivå. Om jag hade varit chef hade jag satt ljudisolerade skärmar bakom och framför de anställda som var så exceptionellt högljudda. Men märkligt nog var kollegorna toleranta och de som vrålade fick hållas år in och år ut.

På sjuttiotalet fanns det en märklig tolerans för människors speciella karaktärsdrag och deras underliga hyss som de ofta höll på med på arbetsplatsen utan att någon ingrep. Det var accepterat att personer fick var ovänner och inte talade med varandra även om det drabbade företaget negativt. En kvinna höll på att byta kläder hela dagen. Olika kreationer plockades av och på under arbetstid. Folk drev försäljning av halsband och allt möjligt. Det stal ju tid från företaget men det tänkte kanske ingen på så länge man skötte jobbet.

En kvinna snodde kakor och bullar av kaffebrödet som företaget bjöd på varje eftermiddag. Alla visste om det men ingen sade något. Jag hade en äldre kollega med alla möjliga egenheter. Han kunde sitta och sova inför öppen ridå efter en stadig lunch. Ibland hade han riggat upp en A4 pärm bakom vilken han höll på med något. Jag tror att de flesta bara gick förbi honom i kontorslandskapet. Om någon av de många som passerade honom på väg till sina bättre arbetsplatser vid fönstren hade bemödat sig med att se vad det var han höll på med hade de sett att han bedrev sin egen speciella skönhetsvård. Han var fiffig och totalt ogenerad och kunde med hjälp av en liten dockspegel som klämts fast med en pappersklämma på pärmens ovansida sitta och klämma pormaskar. Det var det ultimata föraktet han kände för de som var "över honom" och dumskallar i allmänhet, att på betald arbetstid klämma pormaskar. Rent rangmässigt var han en obetydlig person. Han stod längst ned i rangskalan där arkivpersonal och andra mindre betydande huserade, sådana fanns det ju gott om innan datorernas tidevarv. I jämställdhetens tidevarv var rang inget man diskuterade eller erkände, och det var då nästan omöjligt att avskeda någon. Därför lät man honom hållas bakom sin pärm och när han snarkade visste de att han snart skulle vakna och återgå till arbetet.

Det var då det. Idag finns det inte en sådan tolerans. Allt mäts och kollas och företaget håller de anställda väldigt kort.

KLANGLÅDA

Jag minns när vårt kontorslandskap skulle byggas om och "förtätas" (mer människor skulle få plats på samma yta). Någon hade en ide om att installera höga glasväggar men tänkte mest på förtätningen och inte på akustiken. Det upptäcktes tyvärr alldeles för sent att ljudet studsade mot glasrutorna och även den minsta viskning förstärktes och ekade mellan glasväggarna. Det tog inte lång tid förrän det var nya förändringar på gång.

KONDUKTÖR 1965

Jag minns sommaren 1965 när jag arbetade som konduktör på Göteborgs Spårvägar. En kille på gymnasiet var spårvägsfantast och inspirerade flera av oss andra att söka sommarjobb där. På den tiden hade varje vagn en speciell konduktör (förutom föraren) så det var tre på varje tågset och därför fanns det många jobb att söka.

Efter utbildningen fick var och en två uniformer från ett lager vid vagnhallarna i Majorna. En grå uniform för sommaren. En blå för vintern. Samt två ljusblå nylonskjortor och en slips. Efter lite praktik var vi färdiga för det riktiga livet som konduktörer.

Varje tågset hade en förare och två konduktörer så vi hade det trevligt vid ändhållplatserna där vi ofta hade tid för lite kortspel och kaffe, wienerbröd eller bulle till självkostnadspris. Det var en gemytlig stämning och mycket kollegialt. Alla var med i facket vad jag minns. Det talades om solidaritet.

Jag undrade hur det skulle kännas att sitta i båset framme vid ingången. Alla i vagnen stirrade ju på mig i profil. Och ibland skulle man ropa ut hållplatserna. Men det var inga problem. Lite värre var det att hålla reda på hur man skulle räkna ut hur många kuponger det var från exempelvis Ullevi till Marklandsgatan. Man fick lägga ihop zonens nummer för Ullevi, plus numret för centrum plus zonens nummer för Marklandsgatan och se vilken summa det blev och därefter ge beskedet: *"Det kostar 4 kuponger"*.

Vi sålde hela kuponghäften eller styckvis. Det var två kuponger inom den centrala zonen, men det var tre kuponger till Olskrokstorget och det var många äldre damer som tyckte det var orättvist och tjuvåkte på två kuponger istället för tre. Jag satte fast en dam en (enda) gång och hon blev hiskeligt förbannad och skällde ut mig, men hon betalade 50 kronor som var bötesbeloppet då. Idag är kontrollavgiften 1200 kronor.

Folk räckte fram kupongerna som jag tog emot och stoppade i en smal springa som jag ömsom sköt ihop eller breddade med en liten spak. Sedan drog jag runt en vev som stämplade kupongerna och sedan räckte jag tillbaka dem till passageraren. Ibland var kupongerna så fuktiga och nötta, att det var svårt att få ned dom i springan. Jag gillade inte när folk hade kupongerna i munnen och sedan räckte dem till mig. Rätt snuskigt tyckte jag. *"Du får stoppa in dom själv"* sade jag då. De såg lite sura ut, men det var allt. Folk hade respekt för personal i uniform på den tiden. Jag kunde som konduktör säga till passagerarna på Lisebergs nattvagn att lugna ned sig. Försök det idag!

Det var många roliga och underliga historier som berättades för oss yngre av de äldre kollegorna. De handlade om allt möjligt, från erotik vid ändhållplatserna till den sorgliga berättelsen om "Järn-mormor" som tog livet av sig när hon inte fick köra spårvagn längre. Hon hade varit så upptagen med sitt speciella sätt att kontrollera smitare att hon körde rakt in i en annan spårvagn. Det var för många liknande incidenter. Hon fick sluta.

Det var nyttigt för mig som hade levt ett avskärmat liv mellan Vasastan och lantstället på Hovås, att få se Biskopsgården, Kortedala, och Frölunda. Jag undrade var i all sin dar spårvagnen tog vägen när den lämnade centrum och dånade iväg ut till områden jag aldrig sett. Allt nybyggt var en kontrast till de förfallna stadsdelarna Haga, Masthugget, Annedal och Landala.

SVETTIGT

Jag minns hur jag magrade den sommaren jag jobbade som konduktör på Göteborgs Spårvägar. Hela familjen var på landet och jag bodde ensam i lägenheten i stan. Jag hade ingen aning hur man lagade mat och livnärde mig på en macka på jobbet och popcorn och jordnötter när jag kom hem på eftermiddagen.

Det var rena svältkosten men jag var nöjd med mitt liv och tyckte inte att det gick någon nöd på mig. Däremot blev min sommaruniform alldeles för stor. Jag gick till Spårvägen i Majorna där jag fått mina två uniformer och bad om en mindre storlek.

Tanken bakom detta var att om jag fick en ny uniform, kunde jag samtidigt bli av med uniformsjackan som luktade svett under armarna, ett arv från den tidigare innehavaren. Svettlukten hade inte försvunnit trots att jag lämnat in den på kemtvätt. Men jag nekades en ny uniform, jag fick vara nöjd med den jag fått, jag var ju bara sommarvikarie.

Jag fick leva med den främmande svettlukten från uniformsjackan och försökte dölja den med några stänk Old Spice aftershave varje morgon. Jag såg fram emot hösten när jag skulle jobba helger och det bästa av allt var att jag då skulle få använda den mörkblå uniformen. Den luktade inte svett under armarna.

PRÄKTIGHET

Jag minns att det på mitt jobb fanns vissa som var riktiga präktighetsministrar. Så fort någon råkade säga att vädret var dåligt kom denna ramsan som på beställning: *"Det finns inget dåligt väder, bara dåliga kläder"*. Då blev man satt på plats minsann.

Vi hade flextid och kunde komma mellan 7.30 - 9.00 och gå mellan 16.00-17.30. Av någon anledning ansåg präktighetsmaffian att det var *bättre* att komma tidigt än de som kom senare, vid niotiden. Då kom gliringar som: *"Jasså, det är dags att komma nu?"* Även om de jobbade exakt samma antal timmar som de andra.

E-POST

Jag minns när e-post gjorde sin entré. Det innebar att ledningen fick ett bra verktyg att styra upp sina chefer. Min chef var alldeles förtvivlad och beklagade sig: *"Jag har fått fyra meddelande - på en dag. Inte klokt!"*

SEMESTER

Jag minns att den svenska semestern innebar att många som man vanligtvis aldrig talade med eller hälsade på plötsligt kunde tilltala en i hissen med: *"Har du haft någon?"* eller *"När skall du gå?"* Inte för att de var intresserade av om jag hade haft eller skulle ha semester, det var bara det att det var det enda som de hade i huvudet. Det fanns noll intresse för mitt svar, men de ville gärna själva redogöra för sina semesterplaner Eller så var det bara en reflexsrörelse, ett litet ryck, en upptining av den svenska stelheten och talträngdheten, en magisk förvandling hos kollegorna som gick över på sensommaren. Därefter var det som vanligt i hissen.

HEMMA

STRINGHYLLOR

Jag minns när vi barn fick varsin stringhylla uppsatt ovanför sängen. Vi var själaglada. Nu hade vi plats för våra Femböcker och mina systrars Kitty-och Cherry Amesböcker och annat personligt.

Vi hade våra sängar i ett stort rum som kallades för barnkammaren. Där fanns två hyllor med amerikanska dockor och en ribbstol men ingen plats för oss att förvara våra personliga saker. Snickare Andersson anlände och gjorde hål i väggen med en mejsel och en slägga (borrmaskiner kom senare) och satte in egentillverkade träpluggar och i dessa skruvade han in skruvarna som fäste Stringhyllornas speciella gavlar. Hyllorna var av fanerad teak. Det var en bit av femtiotalets "moderna" design som gjort sitt inträde i barnkammaren. Något år senare fick vi varsin sekretär i teak. Det var verkliga höjdpunkter i våra små liv.

INGEN TVÄTTSTUGA

Jag minns att vårt badkar i vår lägenhet på Vasagatan användes till en slags tvättstuga. Där låg tvätten i blöt vissa dagar i veckan. Det var bara nya hus i Guldheden som hade moderna tvättstugor. Det gamla bykhuset i vår källare med torkvinden sex trappor upp, det var alldeles för tungrott. Tänk bara att bära upp tung våt tvätt sex trappor. Det gick an förr när det fanns billig arbetskraft men på femtiotalet sökte folk sig till nya spännande och väl betalda arbeten. Vår hyra för den stora våningen var låg och hyresreglerad. Hyresvärden hade inte mycket pengar över för reparationer eller nya tvättstugor.

KOKA TVÄTT PÅ SPISEN

Jag minns hur vi kokade tvätt i en stor gryta på gasspisen. Kokning tog bort fläckar och gjorde tvätten ren. Det var ju så man gjorde när man hade bykhus. Men vi befann oss i en lägenhet och fick använda den största syltgrytan. I den stoppade mamma ned så mycket vittvätt hon kunde. Tvättmedelsvattnet pyste över och det fräste när det nådde gaslågan och jag minns lukten av bränt tvättmedel. Efter kokningen och när tvätten svalnat av tömdes grytan i badkaret.

TORKHISS ÖVER BADKARET

Jag minns att när tvätten låg i badkaret kunde man inte använda det, men det tog inte lång tid förrän fru Norling från Majorna tog hand om tvätten i badkaret. Hon satte en balja på toalettstolen och skrubbade tvätten mot en tvättbräda gjord av trä och räfflad zink. Sedan sköljdes tvätten i badkaret, onekligen ett tungt jobb. Sedan vred hon ut tvätten och hängde upp den i en träställning (en torkhiss) ovanför badkaret som sedan hissades upp i taket med hjälp av rep och taljor i taket. Det var hårt arbete och vi var nog lyckligt lottade att någon ville åta sig detta slitsamma arbete på femtiotalet när kvinnor började förvärvsarbeta och hittade nya intressanta yrken.

FRIHETEN HETTE "EVALETT"

Jag minns när mamma så småningom fick en liten halvautomatisk tvättmaskin som hette Evalett. "Centrifugen" hängde på utsidan och pressade ut vattnet med hjälp av vattentryck. Det var en enorm förbättring. Men fortfarande hängdes tvätten i torkhissen över badkaret. Riktigt all tvätt hängde inte här, jag tror att lakan skickades till ett tvätteri som hette Soltork. Men badrummet och badkaret användes väldigt ofta till tvätt så det var bara ett fåtal dagar man kunde bada.

TVÄTTLAPPEN SPARADE VATTEN

Jag minns när vi använde en tvättlapp varje dag. Den dagliga tvättningen på femtiotalet var vid handfatet och en tvättlapp som man tvättade kroppen med - först ansiktet, sedan under armarna, skrevet och sist fötterna som man lyfte upp och satte i handfatet. Någon gång i veckan blev det av att bada i badkaret. Det där med vattenslösande dagliga duschar kom senare.

HANDTVÄTT

Jag minns när nylonskjortorna kom på femtiotalet. Praktiska, men oj så svettiga. De kunde handtvättas och hängas upp att dropptorka, ofta på uppblåsbara klädhängare av plast. Det var en tid när man var van att göra lite handtvätt då och då. Finare underkläder och ylleplagg handtvättades (Tvättmedlet Y3 eller Corall).

Ylleplagg vreds ur och lindades in i handdukar eller tidningar - det var rätt bökigt. Det fanns inga tvättmaskiner som klarade av sådant då.

BARNENS SKVÄTTDAG

Jag minns att vi barn tilläts att ha en särskild skvättdag. När vi tre barn hade tvättats rena i badkaret och förhandlat med mamma om skvättdagen fick vi skvätta och stänka vatten överallt - då var det var hur kul som helst. Men bara en gång om året.

MINA SYSTRARS UNDERKJOLAR

Jag minns alla mina systrars underkjolar som hängde på torkhissen över badkaret. Det var modernt med många underkjolar på femtiotalet. En av systrarna "fuskade" med en underkjol gjord av skumgummi. Mamma ville inte att flickorna skulle laga sina underkjolar med säkerhetsnålar. *"Tänk om ni hamnar på sjukhus!"*

PISKA MATTOR PÅ GÅRDEN

Jag minns när man ofta hörde mattpiskor vina på innergården. Mattorna bars ned till gården och hissades upp på en ställning med en vev och en mattpiska gjord av rotting eller bambu användes till att piska mattorna. Dammet kunde ryka väldigt. När piskningen var över borstades mattorna av med en borste. Idag nöjer man sig med att dammsuga mattorna och innergårdarna har ofta planterats med träd, buskar och blommor. Grillplatser har även inrättats där. Det fanns även piskbalkonger på gårdssidan mitt emellan våningarna och de nåddes via kökstrappan. Där kunde husmödrar borsta kläder och bedriva klädvård (borstning). De har idag ofta integrerats med lägenheter och blivit privata balkonger.

PRÄKTIG HUSMOR

Jag minns vår granne, doktorinnan Thölén som var en superpräktig husmor som hade kassabok och borstade familjens kläder efter alla konstens regler. Det kunde man se varje vår på piskbalkongen på tredje våningen mot gården. Där stod hon i vårluften med ett uppfällbart bord och borstade intensivt familjens klädesplagg. Hon vände in och ut på varenda ficka. Jag förmodar att allt detta borstande var förberedelser för malsprutan som användes inomhus.

MALSPRUTA

Jag minns malsprutan som plockades fram på våren och den speciella lukten av malmedel. Då fanns det inte syntetplagg och ylleplagg var väldigt vanliga och eftersom de inte hade någon impregnering från tillverkningen fick en husmor se till att skydda kläderna mot mal. Det var en lång metalltub med ett handtag som pumpades fram och tillbaka. Det satt en liten plåttank framtill som fylldes med malmedel. I veckotidningar fanns det mängder av annonser för diverse malmedel så det var en stor produkt. Annars kalasade malens larver på yllekläderna under sommaren och när kläderna skulle användas på hösten kunde de vara helt sönderätna av malen. Det fanns så kallade malgarderober av tätt vävt tyg där man hängde in ylleplagg under sommaren efter de besprutats. Malen åt även av pälsar och de kunde därför lämnas in till körsnärer (pälsförsäljare och pälsskräddare) för vinterförvaring i kylrum.

BORSTRUM

Jag minns att min mormor hade ett rum som kallades för "borstrummet". Det var avsett för klädvård. Idag hade nog utrymmet använts till tvättstuga men då tvättades och torkades tvätten i bykhuset i källaren. I borstrummet strök man tvätt och höll kläder fräscha genom att borsta dem och använda fläckborttagningsmedel och laga eller sy i knappar. Kanske man handtvättade de vita löstagbara kragarna som ofta användes i klänningar för att spara in på tvätt. "Svettlappar" användes i armhålan av samma anledning. Sådant tänker vi kanske inte på idag när vi lämnar in våra kläder till kemtvätt eller kör tvättmaskinen med ull, silke och fina material som tidigare hade krävt handtvätt.

Jag läste ett häfte från 1910 hur det var att vara student på universitetet i England. Om studenterna ville spara in på sina klädkonton kunde de dela på kostnaden för en butler för då skötte han deras kläder med borstning, lagning och borttagning av fläckar. Det fanns mycket pengar att spara lovade författaren

SPORTKLÄDD PAPPA

Jag minns när jag var tolv och tvingades promenera på

stan med min pappa som var klädd i golfbyxor och keps med nedfällda öronlappar. Jag tyckte att han såg supertöntig ut och hoppades vid min Gud att jag inte skulle möta någon klasskamrat. Som tur var hände det aldrig.

MAMMA ÄR KOMPIS

Jag minns höstarna när vi hade börjat skolan och vi bodde kvar på landet. Då tog vi bussen in till stan på morgonen och bussen tillbaka på eftermiddagen. Pappa bodde i stan över natten och kom ut först på helgerna. Det var en speciell tid för då hade vi barn vår mamma alldeles för oss själva. Hon var inte någons fru, hon var bara vår egen mamma. Hon var vår kompis och vi hade jättekul med henne, på ett helt annat sätt än när pappa var där.

HÖNA

Jag minns att jag råkade springa på en höna i det höga gräset. Den blev tydligen rädd och flög upp och lämnade efter sig ett ägg utan skal. Det var bara en tunn hinna som höll ihop det hela. Jag tyckte att det var egendomligt, men nu undrar jag om det möjligtvis kan vara en överlevnadsmekanism. Rovdjuret kanske nöjer sig med det mjuka ägget och låter hönan undkomma.

POLIO

Jag minns att det var en viss oro för polio på femtiotalet, innan vaccineringen införts. Man skulle vara försiktig när man gick på offentliga toaletter sades det. Jag minns utedass-toaletterna på badhuset och framförallt det blanka toalettpapperet. Men jag visste inte på vilket sätt man skulle vara försiktig. Försiktiga skulle vi också vara när vi lekte bland de fallna löven i Kungsparken. Vi uppmanades att inte göra det. Men vad jag minns drabbades ingen som vi kände.

GODIS

Jag minns att vi barn var nästan maniskt fokuserade på godis. Det godis jag köpte mest var Dajm, Japp, Co-Co, Guldnougat, Pigall, Skotte (ibland) och Käck (mjuk sötlakritskola). Nötcreme som låg i en liten plastpåse var god att suga i sig. Mjölk-Choko, Rollo, och Mint-Choco var också mums. De tablettaskar jag tyckte bäst om var Viol, Tutti Frutti, Zalmiak, Zig Zag och Emser. Hemkola och många andra kolor slank också ned med stor glädje. Till detta kom olika sorters munkar och allt lösgodis som köptes över disk, sega bananer, lakritspipor, salta pengar och mycket mer. Inte undra på att tänderna borrades upp och fylldes med stora amalgamplomber.

KEDJEBOTTNAD SÄNG

Jag minns min säng som hade kedjebotten och tagelmadrass. Det var en mycket primitiv typ av säng, men vi i Sverige låg efter engelsmän och amerikanare som ofta hade fjädrande resårmadrasser. Eller så var det så att barn inte ansågs behöva en resårmadrass. En säng med stum kedjebotten dög till barn men för barn som tycker om att hoppa i sängar var den helt enkelt hopplös. Hoppa kunde vi däremot göra i nästa typ av sängar som vi barn fick. De var utrustade med en buktande "nozagbotten" - ett flertal horisontella zig-zag formad metallfjädrar som gick från sida till sida i sängbotten. Det var betydligt bättre komfort naturligtvis, men det bästa med de sängarna var att man kunde hoppa i dom. Två på en gång.

LAKAN

Jag minns när påslakan blev populära, men som barn hade vi bara ett separat underlakan och ett överlakan med en remsa av spets insydd som dekoration som skulle synas när lakanet veks över filten (inga duntäcken).

När min mormor och mormor gifte sig köpte de inte färdiga lakan, de beställde i någon butik i Göteborg. Förmodligen förseddes de med monogram och en speciellt utvald typ av fin spets som syntes när överlakanet veks ned. Fint skulle det vara för de som hade råd.

DRA LAKAN

Jag minns att jag och mina syskon fick hjälpa till att dra lakan. Ett jättetråkigt arbete som kräver två personer som drar i varsin ände på lakanen. Det gjorde efterbehandling lättare, antingen strykning eller mangling.

MJUKA LAKAN

Jag minns att jag som barn blev nedbäddad i en utdragsbar kökssoffa på andra våningen på Rörö, en ö utanför Göteborg. Lakanen var nymanglade och förmodligen ganska slitna för de var så mjuka att jag aldrig glömmer denna så otroligt behagliga känslan.

GÖMSTÄLLE
Jag minns hur ofta vi lekte "sista". Det fanns ett gömställe i ett överskåp i hallen som bara vi som bodde där kände till. Man kunde nå det genom att stå på en bänk och sedan hiva sig upp med ett djärvt kliv in i det synnerligen rymliga skåpet. Det gömstället kunde ingen hitta. Nya vänner gick alltid bet på det.

SMOCK-KLÄNNINGAR
Jag minns hur mina systrar kläddes upp i fina smockklänningar när de skulle vara fina. Mamma hade sytt framstycket själv. Tyget till framstycket hade tråcklats samman och sedan broderades det på något sätt över det hela. När flickorna fått klänningarna på sig och håret hade lockats av barberarens gaseldade locktång saknades bara den där stora rosetten i håret. Ett brett fint band köptes i sybehörsaffären på Haga Kyrkogatan. Tanten där klippte av bandet med en sax som gav ett veckat mönster så bandet inte skulle fransa sig.

FARMORS SALVA
Jag minns familjens egentillverkade salva som var bra på variga sår. "Farmors salva" var en blandning av olivolja och bivax som smälts och hällts på burkar. Perfekt för besvärliga infekterade sår.

"SLASKEN"
Jag minns "slaskhinken" där allt från köket kastades. Jag tömde den varje dag tillsammans med papperskorgar

från de olika rummen. Jag blev expert på att rusa ned för kökstrappan i rasande fart med slaskhinken och fyra papperskorgar. Tyvärr gick det ibland lite väl fort och en del skräp hamnade utanför. Sedan upp igen lika snabbt (utan att plocka upp det spillda) för att klä "slaskhinken" på alla sidor med tidningspapper. Det gick fort men det gick ännu fortare för de som bodde i de nya husen i Guldheden där det fanns moderna sopnedkast.

SÅPBUBBLOR

Jag minns när vi tre barn efter middagen körde ut mamma ur köket och vi tog hand om allt. En diskade, en torkade och jag sprang ned med slasken och alla pappers-korgar till soptunnorna på gården. Vi gjorde så i åratal, men tydligen med ett fel. Vi sköljde aldrig disken, vi bara torkade av såpbubblorna med handduken. Det var gott nog för oss.

PAPILJOTTER

Jag minns mina systrars alla papiljotter som fanns överallt. De tog upp mycket plats. Och de bråkade ofta om dem. Sedan kom det elektriska papiljotter som värmdes/laddades upp i en elektrisk låda.

DUBBEL NJUTNING

Jag minns att jag sög på tummen när jag var några år gammal och att jag kommit på ett sätt att förstärka njutningen. Medan jag höll tummen i munnen sökte den andra handen upp en gardin med många veck. Jag förde vecken in mellan fingrarna och lyfte handen upp och ned medan jag njöt. Så när jag såg mycket veck i en gardin eller någon annan stans var jag genast intresserad. En gång i affären tappade mamma bort mig men hittade mig inte långt därifrån med tummen i munnen och den andra handen som gick upp och ned på en kvinnas kappa som var full av fina veck. Mamma avbröt det hela och kvinnan med kappan hade inte märkt något som tur var.

FÖRSTÅ

Jag minns att jag som barn inte kunde förstå att mamma inte kunde somna förrän alla hennes tonåringar hade kommit hem på lördagkvällen. Jag fick bli vuxen för att förstå det.

"DANSKA KARIN"

Jag minns att jag ofta fått frågan om jag mindes Karin, en dansk barnflicka som var speciellt förtjust i mig som liten. Men jag var inte många år då och man minns inte så mycket från den åldern. Men jag har ibland lite dåligt samvete för att jag inte kommer ihåg denna kärleksfulla Karin som tyckte så mycket om mig. Hur jag än försöker så går det bara inte. Jag har ett kort på henne och mig, det är allt. Men jag kan ju tacka henne nu så här i efterskott. Tack snälla Karin för din kärlek!

TRAMPEBIL

Jag minns den enorma glädjen när jag fick en skinande blå trampbil på Julafton. Eftersom jag inte hade haft den på min önskelista var den en total överraskning. Jag kallade den för "trampebil". Alla barnen lekte med den i stan och på landet. Många år senare berättade mamma att hon köpt den begagnad hos någon i Majorna, hämtat hem den i en taxi och målat om den i blank blå färg.

TOMTESKUR

Jag minns Tomteskur skurpulver som alltid fanns till hand. Varför använder vi inte det längre? Tant Ingeborg brukade kalla det för "krasskurpulver", nu vet jag att det var "kraftskurpulver".

LAJKA

Jag minns uppståndelsen när Sovjetunionen skickade upp hunden Lajka i rymden. Min lillasyster fick en tyghund som hon kallade för Lajka och den släppte hon aldrig ifrån sig.

NÄCKROSDAMMEN

Jag minns när vi tog med oss gula torkade ärtor (som man kokar ärtsoppa med) för att mata duvorna i Näckrosdammen. Många matade duvorna och en kvinna kom springande och sade att hon sett en man stoppa en duva i sin väska. Jag undrar än idag vad han skulle med den till. Om han nu verkligen hade gjort det.

GENUINT FÖRAKT

Jag minns en gång när min mamma som brukade ordna det mesta själv, behövde hjälp av två servitriser till en större fest. Servitrisers arbete inkluderade att bryta (vika) servetter till en fin båt eller något liknande. Mamma brukade klara av allt sådant själv i vanliga fall. Men nu fanns dessa servitriser där som tittade på servetterna som mamma själv hade tvättat och strukit och de var inte alls glada. Jag minns deras föraktfulla blickar och kommentarer. De tyckte att de hade kommit till ett riktigt simpelt hus som inte hade stärkta servetter. Jag var inte så gammal, men jag var tydligen en observatör.

HUNDBEN

Jag minns när jag skulle köpa ett hundben till grannens hund som fyllde år, en snäll schäfer vid namn Patsy som vi barn alltid fick klappa när vi träffade på henne i trappan. Jag hade bara sett hundben i Kalle Anka och trodde att de skulle se ut som de gjorde där, jämna och vita med utbuktningar i båda ändar. När slaktaren på Haga Kyrkogatan gav mig ett blodigt och köttigt hundben blev jag förskräckt och vägrade att ta emot det. Jag gick till en annan slaktare på Skanstorget som frustrerad av mina protester till slut packade ner ett stort grisöra som jag tog med mig hem. Mamma undrade vad sjutton detta var och ringde slaktaren och jag fick gå tillbaka och hämta ett riktigt blodigt hundben som vi barn uppvaktade hunden Patsy med på hennes födelsedag.

TERYLENBYXOR

Jag minns mina terylenbyxor som var en blandning av 45% polyester och 55% ull. Terylen ansågs modernt och lättskött. Hörde till den nya tiden. Det kom på 40-talet och var det första polyestermaterialet. Ett annat material som var modernt på sextiotalet var banlon, ett elastiskt syntetiskt material. Många hade en banlonpolo. Jag hade många polo av polyester i olika färger och de var lätta att tvätta.

POMADA OCH HÅRVATTEN

Jag minns att pappa smorde in håret med en grönaktig transparent vaselinaktig pomada och dessutom avslutade han med ett hårvatten som hette Watzins Keratin. Det lämnade ofta fettfläckar på stoppade möbler.

FICKJOURNALEN

Jag minns att min syster prenumererade på Fickjournalen. Genom den köpte hon jättestora affischer som sattes upp i vårt gemensamma rum. Det var bilder på Lasse Lönndahl, Lill-Babs och Siv Malmkvist vars enorma ansikten log mot oss under många år.

GÖR DET SJÄLV

Jag minns att vi barn inte hade några pengar att köpa julklappar för. Istället sydde vi dukar, servettväskor, gjorde tomtar och annat som vi gav till släktingar och snälla tanter. Det var en nyttig uppfostran.

TRESITSIGT UTEDASS

Jag minns vår grannes (lantbrukaren) utedass. Det var byggt ihop med deras lada och där fanns tre olika storlekar på sitthålen. Jag hörde en historia om ett barn som satt sig på ett för stort hål och trillat igenom och hamnat i gödselstacken. Det gällde att sikta sig in på rätt hål.

STINK

Jag minns min lillasyster som en gång lekte alldeles för när grannens grisar. Precis innan vi skulle gå bort hade hon sprungit över till lantbrukaren bredvid och där balanserat på staketet och ramlat ned rakt i grisarnas gyttja. När mamma tvättat av henne stank hon fortfarande och mamma försökte förtvivlat dölja stanken med eau de cologne.

RÄLSBUSSEN

Jag minns att jag och min kompis brukade vänta på rälsbussen från Göteborg. Strax innan (vi lade örat mot rälsen) placerade vi ett mynt för att få det utplattat.

PLOMMONKÄRRINGEN

Jag minns att vi barn på landet brukade palla frukt på hösten. Speciellt drabbad var en kvinna med en hörntomt och hela trädgården full av plommonträd. Hon kallades allmänt för "plommonkärringen". Alla hade varit där någon gång. Nu i efterhand tycker jag väldigt synd om henne som fick utstå allt detta. Någon hade en gång hört henne säga uppgivet: *"Stäng grinden efter er"*.
Härmed framförs en kollektiv ursäkt till den stackars kvinnan. Jag hoppas bara att hon aldrig fick reda på vad vi kallade henne.

"PANKOR"

Jag minns att mormor berättade hur de skyddade sig mot "pankor" när hon var liten. De satte sängbenen i små skålar med fotogen. Då kunde inte pankorna krypa in i sängen och bita en. Pankor var förmodligen ett annat ord på vägglöss.

ROCKRINGAR

Jag minns när rockringarna kom och de sysselsatte oss barn väldeliga. Det var en konst att vicka på höfterna så att de stora plastringarna hölls kvar av centrifugalkraften.

DRÖMMAR

Jag minns Els-Marie från Gnosjö i Småland, en ung och rejäl tjej som tog hand om oss barn över sommaren. Det var ett trevligt jobb för vi var mestadels nere vid havet och badade. Els-Marie hade med sig ett familjerecept på drömmar, en delikat och mör småkaka. De var kolossalt goda så hon fick göra dem ofta. Jag kan fortfarande se henne sitta på en köksstol och röra smält smör med socker i evigheter. Det var knepet som gjorde kakorna så goda.

ETER

Jag minns när jag femton år och opererades för ljumskbråck på barnsjukhuset. Vid sövningen användes en kåpa gjord av metallnät som sattes över näsan. Med en slags spruta droppades eter på nätet samtidigt som jag upplevde ett oerhört dunkande i huvudet. Jag ombads att räkna till 25. Det var min första sövning och när jag vaknade efter operationen kräktes jag väldigt mycket. Det var obehagligt och nästa gång jag sövdes på ett modernare sätt var det betydligt mer behagligt.

MAMMAS BUKETT

Jag minns hur mina föräldrar slet med sin trädgård och hur mamma plockade och tog in vackra blomsterbuketter varje dag. Men den finaste blomsterbuketten någonsin plockade mamma till mig så kärleksfullt på morgonen innan hon besökte mig på Barnsjukhuset sommaren 1961 där jag låg inne för operation. Jag minns det så väl när hon kom med buketten. Ett fint minne för resten av livet. Tack lilla mamma!

MAMMA ÄR BÄST

Jag minns när vi barn var sjuka och febriga (ofta tre samtidigt) hur vår kärleksfulla mamma lade sin kind på vår panna för att kolla läget. En mamma kan sina barn. Hon visste. Jag minns också att de sjuka barnen fick gå ur rummet medan hon bäddade om sängarna och vädrade ut rummet. Det var en speciell känsla att krypa ner i nybäddade och svala sängar. Vi med halsont fick mosad banan med några skedar koncentrerad apelsinsaft. Vi var väl omhändertagna.

ORÄDD

Jag minns min mamma som var orädd och väldigt frispråkig och gärna tog de svagas parti. Hon berättade

att när hon var liten var hon jätteblyg och generad för sin
orädda, utåtriktade amerikanska mamma. Förmodligen
hade min mamma lyssnat på henne: *"Var aldrig rädd att
göra saker eller tala med någon - det enda de kan göra är att
bita nacken av dig"*

KLOROFYLL

Jag minns klorofyll tandkräm, en av många produkter som red på vågen av intresset för det undergörande klorofyllet i mitten på femtiotalet. Klorofyll kunde motverka kroppslukter lovade tillverkarna.

DAHLIAKNÖLAR

Jag minns att pappa grävde upp dahliorna på hösten. De hade blommat med stora färgsprakande blommor i olika storlekar hela sensommaren. Han skar av och sparade de stora rotknölarna som lades i matkällaren under huset på vårt lantställe. På våren planterades de ut igen. I Sydamerika där växten har sitt ursprung slipper man detta extra arbete, men vi som har frost måste göra det för att förhindra att roten fryser sönder av frosten. Det är den uppoffringen vi får stå ut med för att vi lever på samma breddgrad som Sibirien och Alaska, och inte i Syd-Amerika.

DOCKSKÅP

Jag minns ett dockskåp som min syster fick i julklapp av min mormor och morfar. De hade tagit ett vanligt fyrkantigt dockskåp och satt på ett sadeltak med en liten skorsten. Jag tyckte att det var konstigt att takpannorna var målade på två olika sätt. Först många år senare fick jag reda på att mormor och morfar målat var sin sida av taket och nu i efterhand låter det ju rätt charmigt hur det äldre paret arbetat tillsammans med detta kreativa projektet.

EXTRA MATTE

Jag minns att jag en sommar ansågs behöva läsa extra matte för en granne som var lärare. Jag hatade matte och den äldre mannen med bältet ovanför den stora magen istället för nedanför, var lika oinspirerande som jag var uttråkad och ointresserad.

BARNKALAS

Jag minns barnkalas och våra lekar, speciellt "Bro bro bränna" och "Hela havet stormar". De fick verkligen fart på en fest.

KISSEDOCKOR

Jag minns när min svensk-amerikanska mormor tog med sig en massa amerikanska "kissedockor" och dockor med långt nylonhår. Sådana fanns inte i Sverige och kamrater som kom på besök flockades genast till dockhyllorna.

UPPFOSTRAN

Jag minns förmaningen när vi barn hängde över matbordet: *"Inga stöttor i nya hus"* fick vi ofta höra. Vi tyckte att det var enastående tjatigt.

OVÄNTAD HUND

Jag minns en gång när mina föräldrar efter en sen utekväll (och i fyllan och villan) tog med sig värdparets hund, en pigg liten skotte som hette Sara. Vi behöll henne i några veckor. Jättekul för oss barn som alltid hade önskat oss en hund.

ÄNTLIGEN EN MOPED!

Jag minns min Monark Monarped - den var efterlängtad och innebar en stor frihet för en femtonåring. Jag upptäckte att jag med lätthet kunde åka till mormor några mil därifrån och det var spännande.

Min moped var rätt slö jämfört med kompisarna och jag fick hjälp att trimma den. Det tog två försök. Då gick den i 65 km i timmen och vibrerade naturligtvis, men det var kul som sjutton när det gick undan. Hjälm användes inte då. Rätt farligt. Men kul.

NYTT ORD

Jag minns att jag i tolvårsåldern tyckte det var roligt att använda nya knepiga ord och en gång när min moster som var rätt barsk skällde på sin dotter lade jag mig i och sade: *"Moster skall inte skälla på Stella för då kan hon få komplex"*. Komplex var det nya och spännande ordet som jag nätt och jämt begrep men jag var glad att kunna använda det. Men det var min moster inte road av alls. Via min mamma lät hon meddela att jag måste be om ursäkt. Väluppfostrad som jag var skrev jag ett brev och bad om ursäkt.

FRUKT PÅ LÖRDAG

Jag minns lördagar när pappa tog oss tre barn till grönsaksaffären Syd-Kap belägen i en källare på Vasagatan. Den medhavda shoppingväskan fylldes med frukt av olika slag, ett par kilo av varje. Vi superglupska ungar åt snabbt upp all frukten och om pappa hade tänkt sig att äta en frukt fick han vara snabb. På söndag eftermiddag var väskan helt tom.

MÖBELPOLISH

Jag minns att mamma använde gammalt rödvin med matolja som möbelpolish. Det gav en patina till möblerna. I gamla böcker som ger goda råd till husmödrar kunde det stå att man skulle polera något med lite "söt mjölk". Idag köper vi allt sådant färdigförpackat.

OTYG

Jag minns att vi barn ofta fick över kritstumpar och vi hittade en bra användning för dem. Från balkongen på fjärde våningen kastade vi ner de små kritorna på förbipasserande som förvånat tittade upp. Men då hade vi dragit oss tillbaka på balkongen så att vi inte syntes. Vi tyckte att det var väldigt roligt.

ÖDSLIG TORKVIND

Jag minns den ödsliga, kalla och mörka torkvinden som ingen i huset använde längre. Förr i tiden hängde man tvätt som bars upp sex trappor från bykhuset nere i källare. Vi barn sprang in där när mamma hade ett ärende till vindsförrådet som låg bredvid torkvinden. Det var väldigt kusligt och framförallt smutsigt. De gamla torklinorna som gick från vägg till vägg var stela och uttorkade.

När vi barn var lite äldre lade vi beslag på ett tomt vindsförråd som alla var väldigt stora. Det var mörkt, inga fönster och kolossalt dammigt. Vi inredde det med gamla möbler vi hittade i andra öppna vindsförråd. Vi tjuvkopplade el så det fanns en bordslampa där. Jag vet inte vad vi egentligen skulle göra med det där rummet men det var något eget och hemligt. Och sådant tycker ju barn är kul. Idag har dessa utrymmen gjorts om till vindsvåningar med stora takfönster.

JULEN KOM PÅ LUCIA

Jag minns hur julen kom med Lucia. I köket togs juldekorationer fram och röda julgardiner hängdes upp. Ett dussintal färglada girlanger hängdes från lampkroken mitt i rummet och fästes på många ställen längs taket runt om i rummet. Jag tror inte jag sett något liknande hos andra. Vetemjöl och vatten blandades och användes som klister till att fästa stämningsfulla julplanscher överallt i det stora fyrkantiga köket. Det gav sammanlagt mycket julstämning och vi barn bara väntade på det stora pepparkaksbaket och det intensiva julfirandet som vi alltid njöt av i stora mått. Som vuxen önskar jag ibland att jag kunde uppleva den ohämmade, okritiska och upptrissat barnsliga glädjen igen -- bara för en liten stund.

LUCIAKRONA MED LEVANDE LJUS

Jag minns när luciakronan av plåt kläddes med lingonris och riktiga stearinljus tändes i den. Det låg för säkerhets skull en våt näsduk på huvudet på den som bar denna eldfarliga huvudbonad. Det var säkrare när det kom batteridrivna luciakronor.

TOMTEN SPIONERAR

Jag minns en stor frånluftsventil i barnens gemensamma sovrum. I den var ett fäste där man kunde fästa en kedja för att öppna eller stänga spjället. Det var ingen kedja där och pappa sade en gång till oss barn att det där fästet, det var tomten som hade någon som sitter däruppe och håller koll på er. Annars kan ni bli utan julklappar. Vi trodde på det och kände oss obehagligt iakttagna tills vi blev lite äldre och förstod bättre. Märkligt hur lättlurad man var som barn.

JULSTRUMPAN

Jag minns att Julafton började med att en strumpa fylld av frukt och presenter som låg vid fotändan av sängen. Det var en amerikansk tradition men vi hade ingen öppen spis att hänga dem vid så det blev att placera dem vid fotändan. Det var en av pappas stora knästrumpor som märkligt nog rymde otroligt mycket. Förutom frukten var det presenter från speciella bekanta och släktingar som inte skulle vara med på julaftonskvällen. Det var ett perfekt sätt att börja denna fantastiska dag. Vi barn var uppskruvade från första stund.

RESTAURANG VICTORIA

Jag minns att dagen innan julafton var mamma och pappa alltid uppe sent och förberedde väldigt mycket medan vi barn gått och lagt oss. Jag minns att min äldre syster dagen därpå berättade för mig att mamma och pappa hade jobbat så mycket att de gick till den närbelägna restaurang Victoria och åt. Jag minns att jag tyckte att det var så charmigt och rart på något sätt.

PAPPAS JULBORD

Jag minns det stora julbordet min pappa satte upp varje år. Det var ca fem meter långt och specialtillverkat i tre sektioner av snickare Andersson på Erik Dahlbergsgatan. Det gick runt granen som stod i ett hörn. På det stora julbordet fanns en krubba med alla tillbehör samt ökensand och fina palmer, en kyrka med stengärdsgård och snö samt figurer på väg till den upplysta kyrkan. Därefter en lantgård med fält och staket och en mängd figurer. Sedan fanns där en park med mer figurer och en damm. En järnvägsstation och en järnvägstunnel låg under vildmarken och ett berg (uppbyggt av kartonger och tidningar och täckt med grön mossa) I vildmarken fanns en mängd vilda djur. Pappa lade ner fantastiskt mycket tid på detta. Gissa om vi barn tyckte detta var spännande.

MOSSA

Jag minns när jag före jul en gång tvingades hjälpa pappa att kånka hem en jättestor trälåda med mossa från Grönsakstorget (till vildmarken på hans julbord). Det var en bit att gå. Nästa gång tog han en taxi tror jag. Jag slapp i alla fall kånka på en sådan stor trälåda igen.

JULBLOMMOR

Jag minns att det var mycket att göra före Julafton. Bland annat fanns det äldre tanter som skulle besökas och en blomma eller presenter skulle överlämnas. Jag tyckte att det var givande att gå till tant Edith, vår gamla söndagsskolefröken, tant Ingeborg och tant Gullan. Det var annorlunda miljöer som jag minns väldigt väl och tanterna var så snälla och omtänksamma.

LEVANDE LJUS I GRANEN

Jag minns när min gamla farfar Viktor (kyrkoherden) på Folkungagatan tände levande stearinljus i en torr julgran. Vi satt alla på helspänn.

JUL-MELANKOLI

Jag minns att vi firade jul väldigt intensivt med hela familjen. Det var en otroligt speciell högtid för oss barn med släkten på besök hos oss och därefter besök hos släkten. När "vanliga" och "normala" dagar återvände efter nyår, blev jag alltid lite melankolisk när det inte längre fanns några mer höjdpunkter. Men melankolin försvann när skolans rutiner satte in.

PÅSK OCH PRESENTER

Jag minns påsken på ett speciellt sätt. Min syster hade i lekskolan tillverkat en liten höna av lera som målats gul. Den var primitiv och högst oansenlig men våra föräldrar lyckades inbilla oss barn att denna lilla höna "värpte" under påskdagarna. Vi som trodde på tomten trodde även på den värpande lerhönan och tog gladeligen emot godis under alla påskdagarna. En gång var det marsipanfigurer som var dubbelt så höga som hönan och vi var så fascinerade att de kunde komma ut från den lilla hönan. På Påskafton låg det alltid fyra påskägg (fyllda med massor av godis) på rad bakom den lilla hönan. Oj vad de var stora! Och de hade alla kommit ur den lilla hönan. Magiskt!

TITTÄGG

Jag minns "tittägg" som vi fick till påsk. De var gjorda av och dekorerade med socker i olika färger. Via ett titthål kunde man se en bild längst inne i ägget. Inte speciellt upphetsande i min mening. Men mina systrar tyckte om att kika in genom den lilla öppningen i ägget - och de behöll alltid sina "tittägg" av socker in i det längsta. Jag åt upp mitt ägg rätt snabbt. Det var ju egentligen bara färgat och väldigt hårt socker som inte smakade mycket mer än bara sött. Jag tyckte att mina systrar var löjliga som behöll sina så länge.

TANT HILDA

Jag minns tant Hilda som kom hem och satt vid vår trampsymaskin och sydde om kläder. Hon berättade roliga historier och underhöll oss barn som hängde och klängde omkring henne. Vi liksom många andra hade en hemsömmerska som kom hem och lagade eller ändrade kläder. Mina systrar fick ärva varandras eller mina kusiners kläder. Alla kläder syddes i Sverige och de var inte speciellt billiga så det var återanvändning som gällde i första hand. Även lagning och konststoppning.

ORSAK OCH VERKAN

Jag minns att när jag var mycket liten hade jag någon gång hört att hyresvärdinnan hette fru Golkul. När vattnet en gång blev avstängt öppnade jag locket på toaletten och skrek: *"Sätt på vattnet fru Golkul"*. Och mycket riktigt, vattnet kom strax därefter. Orsak och verkan. Jag var mycket belåten och gjorde alltid så när vattnet stängdes av. Och det fungerade nästan alltid.

HOS MORMOR OCH MORFAR

Jag minns huset som mormor och morfar byggde för sina nio barn 1918. I detta stora hus bodde mormor kvar på äldre dagar. Med så många sovrum var det som att komma till ett hotell när vår familj kom på besök eller vi barn ensamma bodde där över ett lov. Det fanns rum för alla och vi barn som hade enkla kedjebottnade sängar därhemma, njöt av de breda sängarna med resårmadrasser. Dessutom fanns det tvättställ i nästan varje sovrum. Huset i övrigt hade vind och källare och en mängd utrymmen att utforska för barn på upptäcktsfärd. Märkligt nog fanns det bara en enda pytteliten toalett för alla sovrummen. Man tänkte annorlunda förr. Kanske inte så konstigt. Det var först i början på nittonhundratalet som Göteborg fick ett avloppsnät för vattentoaletter. Dessförinnan var det latrintunnor som hämtades från varje lägenhet av renhållningsverket.

MORMOR PÅ BESÖK

Jag minns min mormors besök som speciellt positiva. Hon var amerikanska och talade med en pikant accent men framförallt trodde hon på positiv uppmuntran och det var hur kul som helst med hennes besök. Det låter kanske inte så märkvärdigt idag men det var i en tid när barn skulle synas men inte höras. Så mormor var älskad av alla.

UNIK MORMOR

Jag minns att det inte var många kompisar som hade en mormor som hade en egen bil. Det var ju inte så vanligt bland äldre damer på den tiden. Men mormor var amerikanska och hade alltid haft egna bilar, ofta rejält stora för många av de nio barnen. När hon var runt sjuttio rattade hon en enorm 1947 Cadillac Cabriolet och alla raggarna runt Kungsbacka ville köpa den men hon svarade vänligt att hon behövde den själv. Hon gillade de röda lädersätena och den tjocka svarta pansarplåten.

SHALIMAR

Jag minns att jag ofta fick en tiokronorsedel eller två av min mormor. Mormors sedlar doftade alltid av den exklusiva franska parfymen Shalimar. Ett väldigt speciellt minne.

TYSKA HEMBITRÄDEN

Jag minns tyska hembiträden, unga flickor som kom som aupair till Sverige efter kriget. De skickade hem pengar till sina behövande familjer. Jag tyckte mycket om dem. Det var ju något nytt och spännande och vi hade skoj tillsammans, de var ju inte så där jättemycket äldre. En av dem berättade om sin familj som bodde i en våning ovanför en ladugård. Med tanke på hur många av dem som kom till Sverige hade det varit roligt om någon skrivit om dem och deras liv här och deras familjer därhemma i Tyskland.

SPÅRVAGNSPENGAR

Jag minns att jag brukade komma till pappa och be om femtio öre till spårvagnen. Han låtsades inte höra men en halvtimme senare låg femtioöringen där på det runda soffbordet.

NATTSEXA

Jag minns att mina föräldrar och deras vänner ofta hade sena fester med "nattsexa", en måltid som intogs efter midnatt när folk egentligen borde avslutat festen och gått hem. Men nej, det dukades upp stektes mat. Det var en hel måltid (typ pyttipanna med stekta ägg) tillsammans med mer sprit. Det är vanor som försvunnit.

KASTANJER

Jag minns hur jag och mina syskon samlade kastanjer i Kungsparken. De gick inte att äta men de mörkbruna kastanjerna var så blanka och fina att man bara ville samla på dom. Och det gjorde vi. Vi fyllde våra gymnastikpåsar fulla och lekte med dem hemma.

LIKSTRÖM

Jag minns att elledningarna i det gamla huset vi hyrde på landet bestod av trådar som var fästa på porslinsknoppar. Det var nog likström. Där fanns en diskbänk av zink som en gång blev strömförande. Jag vet inte om det var likströmmen som gjorde att hela familjen samlades i vardagsrummet när åskan gick.

UTAN UGN

Jag minns att det var väldigt primitivt i köket på landet. Vi pumpade upp vatten med en handpump och vi hade ingen ugn. Därför var mamma glad när hon fick tag på en elektrisk bakform. Nu kunde hon baka sockerkakor utan ugn.

ALUMINIUMKASTRULLER

Jag minns aluminiumkastruller som polerades rena och blanka med Svinto stålull. De ersattes så småningom av rostfria kastruller. Jag minns att min faster kokade rabarber i sin aluminiumkastrull för att ta bort fläckar. Jag som inte förstod något om utfällning av metaller bad att få äta rabarberna. Kanske inte så hälsosamt precis.

GUTTAPERKA

Jag minns att när mamma tyckte att hennes fyra barn var lite väl jobbiga så kunde hon säga att *"nu uppför ni er som riktiga guttaperkabollar."* Vi visste naturligtvis inte att guttaperka var ett material framställt av guttaperkaträdet och användes på 1800-talet innan modernt gummi uppfunnits. Men vi förstod vad hon menade.

DÄNKA TVÄTT

Jag minns när mamma dänkte tvätt. Hon använde en glasflaska med en perforerad skruvkork av metall. Varje klädesplagg breddes ut på strykbordet och sedan stänkte mamma vatten med dänkflaskan över hela plagget som därefter rullades ihop och lades prydligt i en hög bakom henne. Där skulle de ligga och dra några timmar eller över natten så att fukten blev jämnt fördelad. Att dänka tvätt är en arbetsuppgift som har eliminerats i och med det moderna ångstrykjärnet.

MATTPISKA

Jag minns när vi fyra barn var bråkiga samtidigt, då blev mamma lite desperat och hotade oss med mattpiskan. Den var gjord av rotting och hade svidit i ändan om den hade använts. Vi bara gapskrattade för att vi visste att vår snälla mamma aldrig skulle göra det.

NÄSTAN SOM VUXNA

Jag minns tant Ingeborg som var en vuxen person som talade till mig som om jag var vuxen. Detta var spännande och ovanligt. Pappa var aldrig speciellt intresserad att svara på barnens ideliga frågor och vi fick ofta ett nonsenssvar som *"Pettersson"*. Barn skulle som sagts, synas men inte höras. Det var därför en höjdpunkt när tant Ingeborg kom till oss och strök tvätt. Medan hon strök berättade hon om sina många syskon och allt möjligt i sitt liv och jag tyckte det var väldigt roligt att bli sedd och tilltalad.

Barn idag ägnas kolossalt mycket uppmärksamhet som vi tyvärr aldrig fick och jag kan förstå varför vi barn gärna besökte tant Anna-Lisa och farbror Ola på landet. De var ett barnlöst par och de behandlade oss barn när vi dök upp på den smala grusgången till deras lilla sommarstuga -- precis som om vi var vuxna personer på besök. Tant Anna-Lisa som var full av liv och entusiasm berättade vad hon lagat till middag, i vilka affärer hon handlat, hur goda kakorna var hos Hulda Lindgren, ja sådant som vuxna talar om. Och vi barn som i vanliga fall skulle synas men inte höras satt i deras hammock som tända ljus och njöt av det exotiska samtalet och de delikata småkakorna som Tanta Anna-Lisa inhandlat på de finaste bagerierna i Göteborg.

BONVAX

Jag minns Åtvidabergs bonvax som låg i en rund gul plåtburk. Det fasta vaxet togs upp ur burken med en trasa och applicerades för hand liggandes på alla fyra (senare kom ett stänkvax som kunde appliceras med skurborste och trasa). Sedan skulle golven bonas och vi hade en redan då väldigt gammal elektrisk bonapparat med tre platta roterande borstar som snurrade runt och polerade golven tills de var riktigt blanka. Det var något alldeles speciellt med nybonade golv. När lagret med vax på golvet vuxit till sig, gjordes golvet rena med ett lösningsmedel som hette Dilutin. Det var en kemikalie, släkt med lacknafta, som användes till rengöring, fläckborttagning, eller att ta bort överflödigt bonvax. Min mamma som kunde vara riktigt parant nere på stan drog sig inte för att på knä tvätta alla golven med Dilutin och sedan vaxa om golven (alla 200 kvadratmeter). Hon hade en himla energi och vilja och var aldrig rädd för att ta itu med något eller säga ifrån om det behövdes.

FILM I KOMMUNALHUSET

Jag minns när vi barn såg filmen "Barnen från Frostmofjället" i Hovås Kommunalhus. Det var ett avbrott under sommaren. Sorglig film. Flickorna grät.

BARNSLIGA PÅHITT

Jag minns hur vi syskon och våra kompisar hade ett speciellt ställe på sandstranden nedanför en bergsknalle. Där satte vi oss rakt upp och öste sand över hela underkroppen. Sedan kissade vi alla ungefär samtidigt och strax därefter rusade vi rakt ned i vattnet för att skölja av sanden som fastnat på kroppen. Det var en av många saker vi hittade på.

Ibland kunde någon ligga raklång på sanden och den andre täckte den som låg ned med sand. Därefter skrapades sanden av långsamt med ett snäckskal.

Inne i stan brukade vi barn killa varandra på ryggen medan den som killade räknade till hundra. Meningen var att man skulle göra samma sak för den andre. Det blev ofta käbbel att den ene räknade för fort men oftast accepterade vi varandras räkning.

SYSKONVÄRLD

Jag minns hur jag och mina systrar hittade på egna ord när vi inte kände till de riktiga. Chalmeristernas cortege kallade vi för *"kungken"* och en maskin som gatuarbetarna använde att stampa ner gatstenar med och som vi fascinerat stirrade på från vår barnkammare fyra våningar upp, den kallade vi för *"käftan"*.

När vi låg på våra sängar med fötterna mot väggen och gjorde mönster i form av halvcirklar eller bara stötte med fötterna mot väggen, då kallade vi det för att *"gogga"*. Tapeten var helt utnött där vi höll på. Så när vi sa till varandra, "*skall vi gogga*", då visste vi precis vad vi skulle göra, lägga oss tvärs över sängen, alla tre i strumplästen med fötterna mot väggen. Ingen annan visste vad dessa ord betydde men de fungerade fint i vår lilla syskonvärld.

GODNATT I BARNKAMMAREN

Jag minns bilarnas ljuskäglor på kvällarna, när de körde förbi och svängde på Vasagatan och upp på Haga Kyrkogatan. Strålkastarnas ljuskäglor kunde ses fyra våningar upp, de svepte över taket i vår barnkammare där vi tre syskon sov. De var som om änglavingar svepte över taket -- och det var det sista vi såg innan vi somnade.

PÅ STAN

HAGA FÖRR

Jag minns Haga i mitten på femtiotalet när jag gick i första och andra klass i Katolska Skolan vars klassrum var inkvarterat i Hagaskolan. Det var ingång genom en port på gatan och tvärs över gården gick vi upp två trappor till vårt klassrum som innehöll två klasser samtidigt. På andra sidan gården fanns en skola för förståndshandikappade och vi lekte alla tillsammans på rasterna. Från fönstret i bamba som vette mot gatan kunde vi se gamla tanter på andra sidan gatan. De bodde i sina omoderna lägenheter som de fick hålla varma själva genom att elda i kakelugnen eller i vedpannan i köket. Det fanns ved att köpa i vedupplag.

Det var speciellt en äldre dam med enormt tjocka ben som jag tyckte synd om. Hon bodde på första våningen så vi barn kunde se henne väldigt väl från bamba. Det måste ha varit svårt för henne att gå till utedassen på gården när det var snö. Och ute på trottoarerna var det inte bättre. De var smala och sluttade väldigt ned mot gatan där det gick bilar i två riktningar, inga gågator då inte. Och ingen fjärrvärme heller.

Den var en nedgången stadsdel. Göteborgs stad hade bestämt att alla husen i Haga skulle rivas och köpte därför upp dem successivt av de privata hyresvärdarna via sitt kommunägda företag Göta Lejon. De som hade råd hade flyttat till moderna lägenheter i Guldheden eller ytterområdena. De som bodde kvar handlade i sitt närområde i vanliga butiker, inga trendiga butiker som idag. Där fanns arbetsplatser också. Jag minns ett åkeri, en låssmed och en plåtverkstad men det fanns fler.

Drottning Kristina etablerade en gång Haga för fiskare och båtsmän på ett villkor att stadsdelen kunde rivas om det blev krig. Myndigheterna ville inte riskera att fienden (danskarna) skulle använda bostäderna.

Arbetarstadsdelen Haga ansågs förr som en "farlig" stadsdel och under första världskriget när livsmedel var starkt ransonerat, fick militären kallas in när hungriga människor stormade en brödaffär. Militären red från Kviberg till Järntorget och bringade ordning bland demonstranterna. Numera råder ett fullständigt lugn här -- mellan caféer, antikvitetsbutiker och cook shops.

I HAGAPARKEN

Jag minns hur vi lekte i Hagaparken som låg tvärs över från Vasagatan där vi bodde. På vintrarna fanns det alltid snö vad jag minns och vi byggde snögrottor och gjorde snögubbar och kastade oss i nysnön och gjorde änglafigurer. Gamla tanter kom från Haga kom för att rasta sina hundar. Deras favoriter var mopsar. De lite halvskumma gubbarnas favorithundar var schäfrar. Min lillasyster var helt orädd för fyllegubbarna som det var gott om. Hon satt gärna i knät på dem och pratade. En gång undrade hon oskyldigt *"varför har du inga tänder?"*

GÖTABERGSGATANS MÄRKLIGA RYKTE

Jag minns när Götabergsgatan mitt i Vasastan, var det ställe där prostituerade samlades. Kvinnor som promenerade i närheten eller var på väg hem fick ideligen skamliga förslag oavsett ålder. Bilar körde runt kvarteret i en ständig ström och det var väldigt störande. Det pågick i många år och det var svårt att bli av med trafiken. Polisen lyckades på ett märkligt sätt övertala de prostituerade att förflytta sin verksamhet till Rosenlund och över en natt var hela verksamheten flyttad dit och de boende på Götabergsgatan kunde andas ut.

ÅTERANVÄNDNING

Jag minns diverse järnsmide som min mormor visade mig i sitt hus. Hon hade varit uppmärksam när man rev förträdgårdarna på Kungsportsavenyn i Göteborg i samband med att trottoarerna breddades. Trädgårdarna hade varit omgivna av staket och grindar av finaste järnsmide. En dag låg det fina hantverket i en hög på skrotfirman Wockats. Mormor som var konstnärlig och påhittig åkte dit och köpte grindar och staket väldigt billigt. Med hjälp av en lokal smed återanvände hon allt både inomhus, utomhus och på den inbyggda terrassen.

SLÄNG INGET PÅ GATAN

Jag minns när jag var tolv år och steg av spårvagnen på Kapellplatsen och slängde mina två kuponger på marken. *"Ta genast upp dom"* röt en kvinna strax bakom mig. Jag plockade naturligtvis upp dom snabbt som ögat. Det var nog en bra läxa för jag har aldrig sedan dess kastat något på marken. Men det var 1959 när man hade respekt för äldre.

GRILL GEORG

Jag minns när "Grill Georg" öppnade två restauranger i Göteborg. De var först med att servera hamburgare och korv med pommes frites - långt innan vi fick hamburgerkedjor. Det var ett riktigt inneställe.

HOS BARBERAREN SOM LITEN

Jag minns förhöjningssitsen som barberaren använde till barn så de skulle komma högre upp. Jag satt på den och blev klippt. Mina systrar fick också lyftas upp i den när barberaren lockade deras hår med en locktång som han värmde upp på en gaslåga.

GÅRDSMUSIKANTER

Jag minns när det kom personer in från gatan som spelade instrument på innergården. Vi svepte in några mynt i tidningspapper och kastade ned dem på gården. Ibland kom en dam och lade upp sin cittra på en soptunna. Hon syntes även då och då i Hagaparken och jag gillade när hon spelade och sjöng med en skir röst *"När Näckrosen blommar"*.

MADAME YVETTE

Jag minns Meeths thésalong på övervåningen i varuhuset Meeths på Kungsgatan. Dit vi gick med mamma när vi var på stan med henne. Det var en speciell elegans över det hela med "Madame Yvette" som spelade fiol tillsammans med en pianist. Hon spelade fiol här i 25 år och när varuhuset stängde 1974 togs thésalongen över av Ester Mossessons gymnasium för undervisning av serveringselever.

BUTELJLAGER OCH ALKISAR

Jag minns ett buteljlager på Haga Kyrkogatan. Där var två sjaskigt klädda gubbar verksamma, en större och en mindre samt en kvinna. De gick runt i kvarteren med en handkärra på vilken de transporterade buteljer. De var alla rödbrusiga och förmodligen alkoholiserade. Jag begrep inte var de fick flaskorna från och vad de egentligen höll på med, men det var ett sätt att försörja sig på tydligen.

MAJVIPPOR

Jag minns "majvippor" som såldes vid Valborg och första maj. De var små pinnar och vid andra ändan var fransade silkespapper i remsor som mest barn viftade med. Jag tyckte de var larviga och skulle aldrig vifta med en sådan, men det gav väl lite inkomster till killarna som sålde sina *"Maaajjjjvippor"*.

SKEPPSVARVEN

Jag minns när vi hade flera dynamiska skeppsvarv i Göteborg. De byggde och sjösatte fartyg för svenska och utländska intressenter. Varven sysselsatte väldigt många göteborgare. De var stadens hjärta och puls.

BRÅSTH KONDITORI
Jag minns att ett av den finare konditorierna i Göteborg var Bråsth konditori på nedre Viktoriagatan. De hade den absolut godaste Prinsesstårtan i stan. Från dem brukade vi beställa glass som levererades i en låda med kolsyre-is (torris). Folk hade ju inte frys då. Kolsyreisen kunde man lägga i vatten och då bubblade den väldigt, vilket vi barn tyckte var kul.

VÄSTERGATAN I ANNEDAL
Jag minns Västergatan med sina landshövdingehus innan den revs. Tänk om den bevarats på samma sätt man gjorde med Haga. Jag brukade gå förbi ett stort vedupplag med en vedklyv som var i full gång med vedklyvning och undrade vad det var för något. Jag visste inte hur det var att bo i dom husen utan varmvatten och badrum och att man fick elda själv med ved i spisen i köket och i kakelugnen i storarummet.

ALLMÄNNA HJÄLPFÖRENINGEN
Jag minns den lilla skylten utanför vår dörr "Medlem i Allmänna Hjälpföreningen". Det var nog en tidigare hyresgäst som satt upp den för att slippa tiggare som var rätt vanliga på femtiotalet. Tiggare var också för det mesta hänvisade till köksingångarna via innergårdarna. Det brukade finnas en skylt i uppgången.

SÄKERHETSNÅLAR TILL SALU
Jag minns en äldre man som ringde på köksdörren i vår

lägenhet och ville sälja säkerhetsnålar. Minns att jag tyckte synd om honom. Hur kunde han leva på det?

TANTER SOM PLOCKADE SKRÄP

Jag minns tanter med stövlar, sjaletter och handskar som gick runt i parkerna med en lång spetsig metallkäpp som de använde för att trä upp skräpet med. När käppen var full, tryckte de av allt skräpet i en papperskorg och började om på nytt. Tanterna hade alltid kjolar, inte byxor.

HÄST OCH VAGN

Jag minns gatuarbetare på gatan nedanför som ofta använde en häst och vagn för att transportera gatstenar och sand. Hästen hade en stor säck med foder som var fastsatt runt mulen så den kunde äta medan den vilade mellan arbetspassen.

BRÄUTIGAMS

Jag minns Bräutigams konditori på Östra Hamngatan. Det fanns inte så många kaféer eller konditorier i Göteborg som det finns idag. Bräutigams var väldigt elegant och en pianist underhöll. På femtiotalet serverades man vid bordet men senare blev det självservering. Det var kul att observera äldre damer med bakelser som flörtade med intresserade herrar. Ett geriatriskt raggarfik.

NÄR ALLA HADE PÄLS

Jag minns när nästan alla kvinnor på stan hade någon slags päls på vintern. Det var ozelotpälsar som var de mer eleganta och stora svarta persianpälsar som var mer "vanliga".

GUBBAR PÅ STAN
Jag minns "fiolmannen" en man som med fiollåda och raska steg travade omkring i stan. En mycket välkänd figur i Göteborg. Jag minns även stålfarfar, en man med långt skägg som cyklade runt i staden.

DROSKA
Jag minns när en taxi ofta kallades för "droska". Undrar varför det upphörde?

SLUTSTATION: LINNEPLATSEN
Jag minns när den vita spårvagnen (Ettan) och den gula spårvagnen (Tvåan) båda vände vid Linneplatsen. Det passade bra för de som skulle gå till Slottskogen och Naturhistoriska museet eller ta tåget till Askim eller Särö. Vagnarna stoppade framför ett stort bostadshus som sedermera revs. Där fanns ett trevligt konditori som vi besökte vid speciella tillfällen.

GUMPERTS HÖRNA
Jag minns Gumperts hörna där jag och många andra göteborgare stämt träff med många vänner under åren. När Gumperts bokhandel försvann och huset revs fick folk välja något i närheten och det blev ofta NK tvärs över gatan där man träffades före biobesöket eller vad det nu var man tänkte hitta på i centrum.

EN LEVANDE HAMN
Jag minns när hamnen levde i centrala Göteborg. Då fanns det lyftkranar längs kajen och fartyg från hela världen låg förtöjda där. Det var ett nöje att ta en promenad längs vattnet från Järntorget till Majnabbe. Lastning och lossning var ju inte alls med containers som idag utan väldigt manuellt och jobb fanns det alltid att få om man ville slita som "hamnsjåare". Det var mycket gods som skulle hivas upp ur lastrummen, kolli för kolli och lastas vidare in till skjul.

FÖRSTA FJÄRRVÄRMEN
Jag minns när de första fjärrvärmerören lades ned på Storgatan. De placerades i gjutna lådor av betong med betonglock. Idag grävs rören ned med isolering utanpå. Betydligt enklare.

VASA SJUKHUS
Jag minns Vasa Sjukhus, de snedställda gula huskropparna som låg vid Kapellplatsen. De hade hand om äldre och sjuka. De hade en mängd vårdavdelningar och där fanns även en speciell akut för äldre. Allt har bara försvunnit. Liksom omtanken om våra äldre.

GLASS I LANDALA
Jag minns att vi göteborgare vallfärdade till en liten glasstillverkare i Landala som gjorde den mest fantastiskt goda glass man kunde tänka sig. Tillverkningen var hantverksmässig på ett gammaldags sätt med is och

salt som kylde glassen alltmedan den rördes runt.

För att röra runt glassmassan medan den kyldes användes en remteknik som var vanlig under den industriella revolutionen när man exempelvis drev en hel maskinpark på ett väveri via valsar och remmar från en centralt placerad ångmaskin (eftersom elektricitet inte var uppfunnen). Ett sådant väveri finns bevarat i Göteborg, Gårda Remfabrik.

När man kikade in från gatan hos Törnvists lilla glassfabrik i Landala såg man höga trätunnor där glassmassan kyldes med is som hade transporterats från ett islager i hamnen. Medan isen med det tillsatta saltet kylde glassmassan rördes den om med en omrörningsmekanism som drevs av remmar som gick upp till en central vals i taket. Samma vals drev omrörningen i alla trätunnorna. Förmodligen fanns maskinen som drev valsen, i rummet bredvid. Det låter kanske lite tekniskt och ointressant men de som är intresserade av industriell historia är det ju intressant att vi i Landala hade en liten glasstillverkare med remdrift ända in på sextiotalet. Glassen såldes även på Heden under namnet BT glass (förmodligen B för förnamnet och T för efternamnet Törnkvist). Hit kom göteborgare från hela stan och handlade.

Det måste ha gått bra för herr Törnkvists glassfabrik för utanför stod en pastellfärgad vräkig amerikansk bil. När damerna som tillverkade glassen hade en stund över var de ofta ute på gatan i stövlar och tvättade den fina bilen.

NÖJE

MATINÉFILM PÅ SÖNDAG

Jag minns veckans höjdpunkt - en matinéfilm på söndagar. Kostade en krona. När det inte fanns TV var det vår enda underhållning. Busiga killar vek biljetterna, rev ett hål i vecket och blåste i dem - det blev ett himla liv innan filmen började. Det visades ofta filmer innan huvudattraktionen. Helan och Halvan visades ofta och episoden där de baxar upp ett piano för en backe var jag rejält trött på.

SIGGES CIRKUS

Jag minns när jag och min syster gick till min klasskamrat Lars-Göran som hade TV (alla hade inte TV 1958). Hans mamma som var hemmafru tog hand om oss med saft och bulle. Vi var speciellt intresserade av barnprogrammet "Sigges Cirkus" (1958-9) med Sigge Furst. TV:n sattes andäktigt på fem minuter innan programmet började. Det var speciella eftermiddagar.

BEATLES

Jag minns när Beatles kom och de ansågs kolossalt frigjorda med sitt långa hår. Idag har man svårt att förstå att de kunde skapa sådan uppståndelse. Idag ser de ju dessutom väldigt prydliga ut. Riktiga mammas gossar, i kostym och slips. Men då var de en sensation.

ROLLING STONES 1965

Jag minns min första och enda Rolling Stones konsert. Det var på Svenska Mässan 1965 och ganska tamt jämfört med hur det är idag. Jag var inte så där jätteintresserad men hängde med kompisarna och stod utanför hotellet Park Aveny i Lorensbergsparken och tittade upp mot hotellrummet där gruppen bodde. Det var mycket hysteriskt skrikande på konserten. Och det var rätt kul när vi lyfte av en grind utanför Svenska mässan.

RADIO PÅ LÖRDAG

Jag minns när vi på lördagkvällar samlades i vardagsrummet och lyssnade på radio, populärast var komedin "Lilla Fridolf och Jag". Den skrattade vi alla gott åt. Ibland lyssnade vi alla på radioteater och då var det oftast engelska deckare i översättning.

VECKOTIDNINGAR

Jag minns att vi hade många veckotidningar, Hemmets Journal, Veckorevyn, Damernas Värld, Svensk Damtidning och tidningen Se. Den var kul att titta i och jag minns speciellt bilder på Jayne Mansfield med så djup urringning att brösten höll på att trilla ut.

Men det viktigaste budskapet från en del av dessa tidningar var svaren på insändarna. De förmedlade en förstående och liberal syn på udda företeelser. Jag kom senare att se (i Amerika) att det var inte alltid något man kunde ta för givet.

ROBINSON CRUSOE

Jag minns hur otroligt fascinerad jag var av Robinson Crusoes och alla hans projekt och upptäckter. Jag kunde öppna boken var som helst och läsa ett kapitel, så bra kände jag till den boken. Lika mycket tyckte jag om Robin Hood och Sherwoodskogens män som alltid strävade efter rättvisa.

HUMLE OCH DUMLE

Jag minns ett svartvitt TV program från sextiotalet som hette "Kapten Bäckdals skafferi" med två talande ägg på skafferihyllan. De talande och filosofiska äggen hette "Humle och Dumle". Det tog lång tid innan folk begrep hur äggens pratande munnar hade kommit till. Det var människor som filmats upp och ned och äggens ögon var målade på deras hakor.

KORTFILMER

Jag minns kortfilmerna på bigrafen Boulevard. De gick non stop hela dagen så man kunde gå in när som helst. Det var tecknat och nyheter blandat. Mycket populärt.

SWE-DANES

Jag minns första gången jag såg på TV i mitten på femtiotalet. Jag såg gruppen Swe-Danes med Alice Babs, Svend Asmussen och Ulrik Neuman. De sjöng *"Sugar in the Morning, Sugar in the evening..."* Det var första gången jag såg någon sjunga så animerat med gester och miner. Det var nästan chockartat på ett positivt sätt. Jag visste inte att människor kunde bete sig på det sättet. Vi barn hade inte sett så mycket.

SERIER
Jag minns Blondie och de olydiga bröderna i serien "Knoll och Tott" som också kallades "Pigge och Gnidde" i en annan tidning. Mandrake var rätt kul, men min favorit och idol var Fantomen. Jag rusade hem från skolan för att läsa dagens avsnitt i tidningen. Jag längtade efter min egen dödskallering. Det fanns ingen att köpa så jag gjorde en egen av tejp.

GREVEN AV MONTE CRISTO
Jag minns en serietidning Greven av Monte Cristo, utgiven av Illustrerade Klassiker. Den kunde jag läsa hur många gånger som helst. Jag älskade när han flydde från fängelset med hjälp av en annan äldre fånge och satte igång sin hämnd på de som tidigare fått honom fängslad på felaktiga grunder.

FEMBÖCKERNA
Jag minns hur jag och alla mina kompisar slukade den engelska författarinnan Enid Blytons (1897-1968) barnböcker. I Femböckerna hittade de fem unga engelska amatördetektiverna alltid hemliga gångar medan de löste diverse fall och det var ju hur spännande som helst. Den pojkaktiga Georgina som kallades Georg och hunden Timmy minns jag än. Och all den goda maten de proppade i sig

LITE AV VARJE

BIBBO

Jag minns när min bäste kompis från barndomen dog bara femtiofem år gammal. Jag hade inte haft kontakt med honom sedan vi var femton år och vi hade inte talats vid på fyrtio år. Men ändå berörde hans dödsfall mig väldigt djupt. Vi hade ju varit tillsammans och lekt under så många somrar. På vintern kom han in till mig i stan och då gick vi oftast på matinéfilm på söndagar. Nu var han plötsligt bara borta från världen.

Alla minnen från vår barndom som hade legat stilla utan att ha plockats upp på länge började bubbla upp. Jag tror att det i hjärnan pågår en mängd olika processer som involverar våra minnen. Kanske hjärnan bestämmer vad som kan kasseras och vad som skall bevaras eller vilka minnen som skall ha en gräddfil till vårt medvetande. Så småningom upplevde jag att minnena långsamt sjönk tillbaka där de en gång legat, kanske på en lite annan plats. Det var en märklig process av bearbetning. Men därefter, efter denna period av intern bearbetning, upplevde jag ett slags lugn. Jag var i fas igen på något konstigt sätt.

TELIA INGRIPER

Jag minns att om man verkligen behövde nå någon på telefon och det tutade upptaget en längre tid, då kunde man ringa till Telia och begära att de skulle gå in och begära "påskyndning av samtalet". Det kunde naturligtvis upplevas obehagligt att bli avbruten av en telefonissas myndiga röst mitt i ett intimt samtal. Men det fanns tydligen ett behov av denna tjänst.

DE SIAMESISKA TVILLINGARNA

Jag minns de siamesiska tvillingarna på Naturhistoriska museet som låg i en rund burk med konserverande formalin. Det var lite makabert och jag undrar om de finns kvar, men vi barn ville alltid titta på dem varje gång vi var där. Valen var också fascinerande. Det gick rykten att människor förr i tiden hade druckit kaffe inuti valen, vilket är korrekt, men tvillingarna berörde oss på ett egendomligt sätt.

NAKENBAD

Jag minns dam-och herrbadet på landet. Nakenbad var rätt vanligt förr, uppdelat i ett dambad och ett herrbad. Pojkar tilläts bada på damsidan tills de blev äldre då de gick över till andra sidan, herrbadet. Eftersom dambadet hade den finaste sandstranden stannade jag och min kompis kvar lite längre än vad som ansågs lämpligt. Vi fick en vink av en och annan äldre dam som förskräckt skrek till när hon fick syn på oss. Då förstod vi att det var dags att lämna dambadet och flytta över till herrbadet.

BADKIOSKEN

Jag minns när vi badade på landet och gick till kiosken

för att köpa breda lakritsklubbor och pinnglass i fyrkantiga förpackningar. De fanns i tre smaker, vanilj, jordgubb och nougat och de kostade femtio öre. Det fanns en mindre storlek för 25 öre. Tyvärr minns jag inte vad lakritsklubborna kostade men jag minns däremot den breda platta klubban och den goda smaken väldigt väl.

VÅT TANT
Jag minns en gång på bryggan på dambadet på Hovåsrätt sent på dagen. Det var bara jag och en fin tant med nylagd frisyr som försiktigt steg ned i vattnet. Hon var uppenbarligen rädd att förstöra sin fina frisyr. Hon skulle nog gå bort på kvällen. Hon tittade över åt mitt håll på bryggan och sade: *"Hoppa inte nu"*. Jag hade inte haft en tanke på att hoppa, men nu när tanten nämnde det så skulle jag naturligtvis göra det. Det var nästan som en inbjudan. Så jag hoppade. Och det skvätte på det fina håret. Om hon bara låtit bli att säga något så hade jag aldrig gjort det.

TANDLÄKARENS BORR
Jag minns den gammaldags tandläkarborren som alla var så rädda för. Man såg linorna av textil som drev borret och den gick långsamt och gjorde därför betydligt mer ont än de nya vattenkylda höghastighetsborrarna

LÅNGSAM LÅNGFREDAG
Jag minns långfredagen som väldigt stillsam, inga affärer eller nöjen öppna. Det ansågs olämpligt att äta kött

den dagen, fisk var mer lämpligt. Jag som gick i katolsk skola och i protestantisk söndagsskola var påverkad av religion från två håll, försökte pressa mig till att tycka "synd om Jesus" och vara sorgsen och kanske klämma fram en tår -- men med liten framgång. Ibland kände jag mig riktigt skamsen. Varför kände inte jag något när världen omkring tycktes känna så starkt för denna dagen?

IMPROVISERAD DUSCH

Jag minns när jag bodde i en gårdslägenhet på Viktoriagatan med endast kallvatten och en liten vask av rostfri plåt. Toaletten fanns i källaren och delades med en annan hyresgäst. Inget handfat fanns på toaletten. Ja det var verkligen primitivt men hyran var underbart billig bara 200 kronor.

Det fanns en butik på Olivedalsgatan som sålde allt som rörde gas och där hittade jag en väggmonterad, gaseldad varmvattenberedare. Det var en svag stråle, men det var varm vatten. Det var ju bara hur underbart som helst att ha rinnande varmt vatten. Men badrum då, hur kunde jag leva utan det? Jo, mamma hade en lägenhet mot gatan och den hade två badrum så där kunde jag kila upp på dagarna när hon arbetade. Men sent på kvällen, innan jag skulle gå på disco, hur kunde jag fixa mig en egen liten dusch i den omoderna lägenheten med en kallvattensvask?

Det fanns ju varmvatten och en kran så det var bara till att montera en duschslang med duschmunstycke och en plattform att stå på. Jag hade en spånskiva som passade mellan vasken och köksbänken tvärs över. Jag spikade två brädor på vardera sidan som kanter och klädde allt med en gammal vaxduk. Några uppslagsböcker på bänkskivan gav plattformen den rätta lutningen och nu var det bara att dra fram en pall och kliva upp på duschplattformen och sätta igång.

Jag fick min varma dusch och det skvätte lite på golvet men jag insåg först efteråt att jag kunde ramlat av plattformen som var en meter ovanför golvet utan något som helst skydd. Jag kunde brutit alla möjliga ben. Men det var då det. Och inget hände.

"HEMLIG" RAMSA

Jag minns en hemlig ramsa som bara jag och två till känner till:
"Tjing tjalla baj
do gorci pedro
assika assika bajsan baj
ski pjäx rundstycke barkis
vov vov"
Hoppsan. Nu är den inte så hemlig längre.

SKRIVMASKINER

Jag minns när allt man hade att skriva på var manuella skrivmaskiner som behövde färska tygband indränkta med trycksvärta för att fungera. Man satte papper i maskinen och ville man ha kopior använde man karbonpapper. Jag har kvar ett par paket med karbonpapper från den tiden. Och ett paket med mycket tunt papper som användes som kopiepapper. Vill inte slänga dem. Kan ju vara bra att ha...

INGEMAR JOHANSSON
Jag minns Ingemar Johansson, en ung stenarbetare från Göteborg som blev världsmästare i boxning. Alla i Sverige satt uppe på natten och lyssnade andäktigt på Arne Thorén i direktsändning från USA.

KOLLEKT TILL SÖNDAGSSKOLAN
Jag minns de tre tioöringarna som jag och mina systrar fick varje söndag för att lägga i kollekten i söndagsskolan. Efter varje syskon hade tryckt in sina tre tioöringar i den smala springan på kollektlådan kom ett tack i form av en nickande afrikansk man som var placerad ovanpå kollektlådan. Idag skulle det anses osmakligt och inte politiskt korrekt, men då var det tydligen inte så.

NYTT ORD
Jag minns att jag tyckte att nya knepiga ord var roliga att använda och en gång när min moster som var rätt barsk skällde på sin dotter lade jag mig i och sade: *"Moster skall inte skälla på Stella för då kan hon få komplex"*. Komplex var ju det nya ordet och jag var glad att kunna använda det. Men det var min moster inte road av alls. Via min mamma lät hon meddela att jag måste be om ursäkt. Väluppfostrad som jag var skrev jag ett brev och bad om ursäkt.

REDERIER

Jag minns Göteborgsrederierna Broström och Transatlantic som var aktiva över hela världen. De beställde oftast sina fartyg från rederierna i Göteborg. Det gav Göteborg en hög status. Rederierna gjorde stora förtjänster vilket gagnade familjemedlemmarna som blev mycket förmögna och skvallerpressen skrev ofta om familjen Broström och vad de höll på med i Göteborg. Redarsocitén spenderade mycket pengar i Göteborg och det gynnade den lokala handeln.

SPANSKA SJUKAN

Jag minns när farbror Lars som var född 1910 berättade om sin syster som fick spanska sjukan, den dödliga influensan efter första världskriget. Det var inget någon kunde göra men de desperata föräldrarna gav inte upp. De var inte katoliker men hade engagerat en katolsk nunna som satt och bad för flickan. Och läkarna som kom på hembesök kunde heller inget göra. De ordinerade champagne, en kanske lite märklig medicin för influensa. Flickan överlevde och familjen undrade säkert om det berodde på bönerna eller champagnen.

KOSSORNA PÅ BRUNNSTORP

Jag minns när flickor hade poesialbum och alla vännerna skrev små dikter och vänligheter. Den vanligaste var *"Jag är Rosen du är Törnet, Glöm ej vännen ner i hörnet"*.

Det var mest jämnåriga som skrev i poesialbum, men en mycket gammal vän till min pappa kom på besök på min systers födelsedag. Han skrev ett inlägg i hennes poesialbum som jag idag upplever som väldigt speciellt och charmigt.

Han ritade några streckfigurer av en glad och en ledsen gris tillsammans med en lustighet och skrev sedan in namnen på kossorna på gården "Brunstorp" där han växte upp. Underbara namn.

Kossorna på Brunstorp (av farbror Moss)
1. Fanny
2. Svarta
3. Pana
4. Spetta
5. Greta
6. Nelly
7. Lona
8. Duva
9. Kajsa
10. Bruna
11. Diana
12. Beata
13. Hoppa
14. Maja
15. Fröken
16. Sköna
17. Lotta
18. Vinka
19. Svana
20. A-—a ?

LEIF SÖDERGREN

FÖRSTA SKIVSPELAREN

Jag minns när min farbror gav oss sin begagnade skivspelare. Vi barn spelade de fåtal skivor som fanns tillgängliga om och om igen. En av dem var Catarina Valente som sjöng *"Siboney"* och Owe Thörnquist som sjöng *"Titta titta här o titta titta där"* och en sång *"Marianne"*. Det danska paret Nina och Fredrik underhöll oss också. Det var inte många skivor, men vi roade oss med det urval som våra föräldrar plockat ihop i en skivaffär på Vasaplatsen. När vi blev lite äldre och mer medvetna om det som var trendigt gick vi till samma affär och köpte skivor av Pat Boone och andra populär artister.

ISMINNE

Jag minns en tidig vårdag vid kusten och det fanns lite is och snö här och var. Plötsligt hörde jag ett knastrande och frasande ljud som bröt den absoluta tystnaden. Jag tittade mig omkring. Det var ett mycket tunt lager av is på vattnet som med en svag vind och små mjuka vågor brutits i sönder. De många mycket tunna issjoken skjöts in mot stranden och hamnade ovanpå varandra samtidigt som det frasade och knastrade när mer och mer is hamnade ovanpå. Det var väldigt speciellt. Snart var det hela över när vårsolen avslutade det lilla skådespelet som numera bara finns i mitt minne. Har aldrig upplevt det igen.

VARMT VATTEN

Jag minns en tid när rinnande varmvatten inte var något

man tog för givet. På landet värmde vi vatten på spisen i en kastrull och hällde det på emaljerade kannor som bars upp till andra våningen. I min barndom kunde man höra någon äldre kvinna säga *"nu passar vi på och tvättar av golvet när vi har lite gott vatten"*. På sommaren hade fastighetsägare rätt att stänga av varmvattnet. Det skulle vi inte acceptera idag.

Idag har vi fjärrvärme i de flesta hus i stan som via värmeväxlare levererar hur mycket varmvatten som helst, dygnet runt. Underbart bekvämt, så länge som det inte blir några störningar i det finkänsliga systemet.

KENNEDY

Jag minns mycket väl den dagen president John Kennedy sköts. Alla var väldigt berörda och i alla blomsteraffärer (det fanns många fler då) fanns det porträtt av Kennedy. Jag klippte ut artiklar och rubriker och gjorde en stor klippbok. Det var ett sätt att bearbeta chocken. Alla var djupt omskakade.

FÖRSTA PJÄSEN

Jag minns min första teaterpjäs när jag var åtta år. Vi barn blev bjudna på en barnpjäs med Jan Malmsjö som hette "Clownen Beppo". Ett outplånligt minne med en fantastisk skådespelare. Jag har alltid sett så mycket teater jag kan och Göteborg har under mina uppväxtår erbjudit mängder av pjäser på många olika scener, inklusive gästspel från utlandet - till mycket rimliga och subventionerade priser.

RAMSTEDT

Jag minns tandläkare Arne Ramstedt på Viktoriagatan som specialiserade sig på tandreglering. Alla mina syskon gick där och vi var alla tvungna att sova med en plastgom i ett eller flera år. Man vande sig. I tandläkarpraktiken fanns glasskåp där alla patienters gipsavtryck av över-och underkäke låg i prydliga rader. Varje avtryck hade liten etikett med patientens namn och jag roade mig med att hitta vänner och släktingar som också var patienter där. Idag skulle vi nog kräva lite mer sekretess.

SPRÄNGTRÅD

Jag minns hur jag och min bästis samlade begagnad sprängtråd efter sprängningar och innan stenarna hade forslats bort. Det var ett praktfullt hus i Hovås med inbyggd swimmingpool avsett för den nye finske direktören för Turitz. Vi lindade upp tråden på pinnar och vad jag minns hade vi ingen speciell användning för den. Men det var kul med själva samlandet. Olika färger. Typiskt killar.

"KÖKSDEKORATION"

Jag minns när min gymnasiekompis Kicki fick sin första lägenhet. Hon var spexig och påhittig och hon tyckte att jag skulle måla något kul över spisen i köket. Jag var naturligtvis med på det och målade en enorm sol med ett ansikte inkluderande ögon och mun och böljande armar. Den täckte hela väggen. Det var en riktig hippiemålning om man skall analysera den idag. Vi tyckte båda att den var en riktig prydnad för lägenheten. Men när Kicki flyttade blev den privata hyresvärden förfärad över detta monstruösa konstverk över spisen. Kickis pappa var tvungen att måla över den stora leende hippieglada solen.

HA EN FORTSATT BRA DAG?
Jag minns när vi svenskar *inte* använde det från engelskan inlånade och direktöversatta: *"Ha en bra dag"*. Det har alltid känts väldigt osvenskt. Men vi svenskar har av någon anledning tagit till oss det uttrycket och dessutom lagt till ordet *"fortsatt"* som de inte har på engelska. *"Ha en **fortsatt** bra dag"*. Väldigt knepigt. Tänk om dagen började eländigt, då blir det ju inte rätt? Vi kan väl inte förutsätta att alla började sin dag bra -- och att de nu skall *fortsätta* att ha en bra dag?

ALLSÅNG
Jag minns hur vi barn gick över till KFUM på Hovås när de ringde i klockstapeln uppe på kullen. De hade nämligen lägereld på kvällarna för de som var med på diverse seglarläger eller tyska ungdomar på besök. Det som lockade oss var lägerelden och allsången oavsett språk.

Idag finns inte en gnutta kvar av kullen, allt försvann vid vägbygget. Det är tråkigt att traditionen att sjunga tillsammans också försvunnit. Man kan kanske skylla mycket på modern elektronik men kanske någon kan uppfinna allsång tillsammans, i mobilen, på något sätt?

UTOMLANDS

MED "BRITTANIA" TILL ENGLAND 1966

Jag minns när jag som nittonåring for till London med Svenska Lloyds "Brittania". Det fanns tre klasser på det primitiva fartyget byggt 1929. De som åkte med tredje klass höll till vid kölen längst ned i fartyget, de som åkte första klass njöt av ett fint engelskt vardagsrum med öppen spis. Jag som åkte i andra klass fick tillbringa dagen i en slags rotting-veranda där det fanns en bar, vad mer behövde man?

Jag hade lämnat ett välordnat Sverige som stod på toppen av ett ekonomiskt välstånd med varv och rederier som gick på högvarv. Det var mycket som skiljde Sverige från Storbritannien.

I en tidningsstånd i Tilbury docks stod det tre män och arbetade. Jag var högst förvånad att män arbetade med sådana arbeten. I Sverige på sextiotalet var det bara kvinnor som arbetade i kiosker och definitivt inte så många i ett litet stånd.

Det gick ett tåg från Tilbury docks in till London och tåget passerade sotiga bakgårdar i de fattiga delarna av London. De renskrubbade svenska studenterna satt där och gapade av häpnad medan tåget skakade oss in till Fenchurch Street Station. Något sådant hade vi aldrig sett. Vi visste inte att England var ruinerat efter andra världskriget och inte hade råd att importera all mat. De tvingades till matransonering i nio år efter kriget, ända till 1954.

I London slogs jag av att många av gatsoparna var indier, ett exotiskt inslag som naturligtvis påminde mig om Storbritanniens koloniala förflutna. Numera har många indier högkvalificerade jobb inom finansindustrin och är till stor del ägare av affärer och annan verksamhet.

Vid den tiden hade Storbritannien en stor invandring från sina före detta afrikanska kolonier och många afrikanska kvinnor hade inte tagit till sig jeansmodet utan klädde sig i sina utsökt vackra och färgstarka afrikanska textilier i form av matchande huvudbonader och klänningar. För mig som kom från ett homogent Göteborg, där det fanns bara vad jag kan minnas, en enda afrikansk man som arbetade som dörrvakt på Park Aveny Hotell -- var vistelsen i London otroligt spännande, lärorik och nyttig.

FINSBURY PARK 1966

Jag minns min hyresvärdinna i London, Ada Carter som hyrde ut rum till manliga studenter i norra London. Hennes frukostrutin började med att hon stekte bacon i en stekpanna. I baconfettet stekte hon sedan ägg alltmedan hon med en sked öste hett baconfett ovanpå äggen. När hon lagt bacon och ägg på ett fat fortsatte hon med att steka bröd i fettet och därefter öppnade hon en burk med bönor i tomatsås som tippades ned i samma stekpanna. Det blev en ganska bastant måltid med tanke på att allt baconfettet på detta sättet konsumerades under frukosten. Jag som aldrig ätit sådan här stekt mat tyckte att det var jättegott och jag fortsatte glatt med cornflakes och rostat bröd som ingick i Ada Carters frukost. Naturligtvis sköljdes all denna feta mat ned med massor av gott te. Som tur var åkte jag hem innan jag lade på mig alltför mycket.

MISSFÖRSTÅ MIG RÄTT

Jag minns när jag som ung man i London skulle köpa kola för första gången. Min engelska var högst begränsad och jag visste inte att kola hette "toffee" så jag försökte beskriva vad jag ville ha. Det var en väldigt liten kiosk inbyggd i väggen på Piccadilly Circus tunnelbana. Utanför, vid sidan stod en engelsk kvinna som halvt lutade sig för att samtala med väninnan bakom disken. Jag visste inte då att denna tunnelbanestation var ett tillhåll för prostituerade av bägge könen.

Jag ställde mig i öppningen och försökte förklara: "*I would like something sweet and soft*" och hoppades att kvinnan bakom disken skulle förstå att jag menade kola. Hon som stod utanför kunde inte låta bli:"*Try me, I'm sweet and soft*". Oj vad de skrattade. Och oj vad jag rodnade. Men jag fick min kola.

CARNABY STREET 1966

Jag minns när jag besökte Carnaby Street och Kings Road i London 1966. Jag var mest van vid rymliga och trista beige-grå Terylenbyxor. De tajta och färglada byxorna som såldes i London var unika plagg, lokalt designade och producerade. Det kändes verkligen att något nytt höll på att hända den sommaren och mycket riktigt, det nya modet från London påverkade modet i hela världen och så småningom var alla byxor tajta, även i kedjebutikerna världen över.

ONSLOW GARDENS LONDON 1967
Jag minns Onslow Gardens i stadsdelen South Kensington i London 1967. Där bodde jag i ett hyrt rum hela sommaren 1967. Idag behöver man vara mycket förmögen för att bo i Onslow Gardens. Priserna är skyhöga och de som köper lägenheter eller hus är miljonärer eller miljardärer från olika länder i hela världen. Oftast är bostaden här en av flera bostäder världen över som de förmögna äger. Eftersom de inte kan bo i alla sina bostäder samtidigt står bostäderna här i London ofta tomma under långa tider på året.

Men när jag kom dit som student sommaren var det en helt annan situation. Det var lätt att få tag på ett rum. Det var bara att titta i fönstret utanför tobaksaffären vid tunnelbanan. Där satt små handskrivna lappar. Bara att välja och vraka och ringa telefonnumret på lappen. Rummen som hyrdes ut var "bedsitters", rum med en elektrisk platta, ett handfat och delat badrum i trappan. Det var så många mindre bemedlade engelsmän bodde under långa tider tills de fick det bättre ställt.

Rummet där jag bodde hade tidigare ingått i ett pampigt hus men nu var huset uppdelat i olika bedsitters och hyran inkasserades varje vecka av en man som även kom in och tömde papperskorgen varje dag samtidigt som han snabbt körde dammsugaren på den otroligt fläckade och slitna röda heltäckningsmattan. För mig var det toppen att bo billigt och mitt i London. Jag utforskade London varje dag utrustad med en London A-Z karta och en tunnelbanekarta. Det gjorde inget att det inte fanns något kylskåp, det fanns matställen överallt och när man gick hem på kvällen kunde man köpa färsk mjölk i en liten automat vid tunnelbanan. Mjölken höll sig färsk till morgonflingorna. Från Onslow Gardens var det inte långt att promenera till Kings Road så jag kunde inte bott bättre.

BUS I LONDON MED ÖPPEN PLATTFORM

Jag minns Londons bussar, främst den röda dubbeldäckaren med en öppen bakre plattform där man kunde hoppa på och av utan att behöva vänta på dörrar som skulle öppna sig. Det var så lätt och käckt att hoppa av och på när bussen saktade in lite. Det var ju ofta köer. Visst var det lite riskabelt när bussen dundrade fram i hög hastighet med en öppen plattform men jag tror att den bussmodellen (som upphörde 2005) var högt älskad. Den är numera utsedd till en brittisk designikon. En resa med den busstypen gick betydligt fortare än dagens enmansbetjänade bussar. Då fanns det nämligen konduktörer som vandrade runt på båda våningarna och det är nog många med mig som saknar de kvinnliga konduktörerna som var väldigt speciella med sitt personliga, vänliga och kvicka sätt. Det fordrades en speciell personlighet för det jobbet.

OTILLÅTET BAD
Jag minns när Svenska LLoyd hade skrotat sina ålderdomliga fartyg och köpt nya moderna. De var väldigt lyxiga och fina. Jag bodde billigt i flerbäddshytt. De där sista timmarna på Englandsbåtarna innan ankomsten till Göteborg var alltid tråkiga men jag hade hittat en hytt som såg ut som en toalett men som var ett badrum för första klassens passagerare. Dörren var inte låst så jag gick in och tappade upp ett härligt varmt bad. Där tillbringade jag flera timmar tills vi var framme i Göteborg.

VITA NYLONSKJORTOR 1964
Jag minns den lilla tyska staden Buxtehude på helgerna. Då vimlade staden av vita nylonskjortor. Det var det enda plagg som unga och äldre män i den lilla tyska industristaden utanför Hamburg hade att ta på sig när de ville vara fina sommaren 1964. Jag hade en randig seglartröja med mig hemifrån och den stack verkligen ut.

Som sjuttonåring tillbringade jag en sommar här. Jag var praktikant på en fabrik som tillverkade myntinkast till automater, ett jobb som en släkting fixat. Samme släkting inkvarterade mig på hotell Riebesell. Där skulle jag bo hela sommaren.

På dagarna i fabriken träffade jag alla möjliga människor, men på kvällarna blev det ensamt på hotellet. En moderlig kvinna på fabrikens förnicklingsavdelning med en stor barm under sin grå arbetsrock, reagerade på det underliga arrangemanget med hotellet. Naturligtvis skulle pojken flytta hem till hennes familj, menade den fylliga och moderliga kvinnan mycket bestämt och kramade om mig. Det hade säkert varit bra mycket trevligare att bo där, men jag var van att göra vad mina föräldrar bestämt, och bodde kvar på hotellet.

Fabriken tillverkade myntinkast, själva hjärnan i alla godis-och dryckesautomater, en liten mackapär som efter kontroll av myntets storlek och vikt skickar en signal: "allt är OK, spotta fram en dricka (eller godispåse)!"

Det var alltså sådana här mekaniska myntinkast som jag och andra tillverkade på det amerikansktägda National Rejectors sommaren 1964. Första dagen sattes jag att borra skruvgängor i en hög med egendomliga plåtdetaljer som låg i en binge till vänster om borrmaskinen. Till höger fanns en annan binge där de färdiga detaljerna skulle läggas.

Där satt också Bärbel, en blond och fräsch ung tyska som utförde samma monotona arbete som jag. Räkneverket höll koll på hur många skruvgängor vi gjorde varje dag. Bärbel och jag hade kul ihop. Jag imponerade på henne med tyska sånger som jag lärt mig av de tyska nunnorna i min katolska skola.

Jag bytte arbetskamrater och avdelning varje vecka och fick snabbt klart för mig att lägst på den sociala skalan stod ogifta mödrar. Kvinnor hade sämre betalt än män inklusive mig som var praktikant.

REEPERBAHN

Jag minns att mitt lugna liv i Buxtehude sommaren 1964 förändrades tillfälligt när tant Ingrid, mammas väninna, en erfaren affärskvinna, kom på besök. Hon bjöd ut mig och min kusin som också var i Tyskland.

"Zillertal bleibt Zillertal" (Zillertal förblir Zillertal) stod det på ölpalatset på Reeperbahn i Hamburg. Vi drack massor av öl och dansade på borden. Tant Ingrid passade på att varna de unga herrarna för dåliga kvinnor på Reeperbahns barer som kunde slå sig ner vid bordet och beställa in drinkar som man fick betala mycket dyrt för.

Tant Ingrids varning kom till användning redan nästa dag när vi två killar besökte "Galopp-Diehle". Det var en strippklubb en trappa ned med åsnor och hästar som sprang runt i en manege. Den som kunde hålla sig kvar på åsnans rygg vann en flaska sekt.

Ingen försökte rida på åsnorna den kvällen. Efter en mycket tam striptease, slog de lätt blåslagna och trötta stripporna sig ned vid vårt bord och bad om drinkar. Min kusin begrep plötsligt varken tyska eller engelska. Så det blev min uppgift att kommunicera med de törstiga damerna.

"*Vi vill ha cognac*" sade de. Jag nekade. Jag kom ju ihåg vad tant Ingrid sagt kvällen innan. Man är ju inte dum.

"*Öl då*", frågade de. Det blev nej igen. Vitsen var ju att inte låta dem dricka något vid vårt bord. Till sist lommade de iväg med två mark var till cigaretter.

För att vara på den säkra sidan, kallade jag till mig

kyparen och sade att *"Wir haben nichts mit diesen Damen zu tun"*. För säkerhets skull ville jag säga att vi inte hade något med dessa damerna att göra. Man vet ju aldrig vad de kunde beställa in vid ett annat bord och "låta" oss betala. Kyparen nickade införstående. Han hade med världsvana herrar att göra.

Jag hade aldrig varit borta hemifrån så länge. Det var nyttigt och jag talade tyska nästan flytande. Ett halvår senare, när jag åkte igenom Tyskland och gjorde ett besök på fabriken, hade många till min stora förvåning slutat. Bland annat Bärbel, den blonda flickan som borrat skruvgängor tillsammans med mig på fabriken. Hon hade "hamnat på Reeperbahn" sade man.

Jag har ett fotografi av Bärbel där hon ler sött, förmodligen sexton eller sjutton år gammal. Hon har ett blommigt band i håret. Det gjorde mig ont att hon hamnat på Reeperbahn. Visserligen var det ingen framtid att jobba på fabriken som gjorde myntinkast, men jag tänkte på de blåslagna stripporna på Galopp Diehle som tiggde drinkar. Jag ville inte att Bärbel skulle bli sådan.

Men det är faktiskt mer än femtio år sedan detta hände, då jag hade dessa funderingar om vad som kunde hänt Bärbel på Reeperbahn. På kortet ler Bärbel fortfarande lika sött mot mig som förr, fortfarande sjutton år. Det som hänt Bärbel, det har redan hänt. Det är bara jag, som aldrig kommer att få reda på vare sig det ena eller det andra. Kanske tröttnade hon på Reeperbahn efter en vecka och återvände till Buxtehude, gifte sig med slaktaren i byn, fick sex ungar och har nu många barnbarn.

Eller så dekade hon ned sig på Reeperbahn. Tänk om jag ändå visste! Det enda jag med säkerhet vet är att de där mekaniska myntinkasten som jag och Bärbel var med om att tillverka sommaren 1964, de är hopplöst föråldrade och har ersatts av modern digital elektronik.

POLLETTERA CYKELN

Jag minns när man kunde pollettera sin cykel över hela Sverige och även till utlandet. Det var oerhört praktiskt, en fin service som våra järnvägar stod till tjänst med. Kanske något att återinföra - för miljön?

En vecka efter jag anlände till Tyskland sommaren 1964 kom min kära Crescentcykel som jag polletterat från Göteborg. Det innebar ju en stor frihet att cykla till jobbet och ut till en badplats vid Elbes flodkant tillsammans med de kollegor jag lärt känna.

VADÅ SWEDEN?

Jag minns när jag kom till Kalifornien i början av sjuttiotalet för att studera och kom på att ytterst få människor kände till Sverige. De förväxlade Sverige med Schweiz. Ofta nämndes Basel som en stad i Sverige.

Sverige på den tiden var jättekaxigt och tyckte att vi var ett moraliskt föredöme för resten av världen och lade oss i allt möjligt så det var ju lite snopet att vi var så anonyma. Nej, Sverige hade de aldrig hört talas om, men däremot Norge, det var ett land som de kände till. Norge hade ju varit med i kriget och gjort en insats.

HANDSHAKE?

Jag minns när jag på sjuttiotalet kom till Kalifornien och upptäckte att det var inte bara att räcka fram handen och skaka hand som vi gör i Sverige. Det var inte alls självklart att man kunde göra det med kvinnor. Det var nämligen upp till dem att avgöra om de ville skaka hand. Jag tyckte att detta var högst ovanligt och fick naturligtvis lära mig att avvakta och se om det fanns ett intresse hos kvinnan i fråga, att räcka ut sin hand. Det var till att observera alla möjliga små signaler. Det gjorde mig nervös minst sagt. Och irriterad att det skulle behövas finnas ett sådant hinder.

SITTA PÅ GOLVET I KALIFORNIEN

Jag minns hur man i Kalifornien (på sjuttiotalet) oftast satt på golvet när man gick bort på fest. Man kanske började med att sitta på stolar eller i en soffa men så småningom blev det så att alla satt på golvet med ett glas vin lutad mot en soffa eller fåtölj. Det fanns alltid stora kuddar tillgängliga. Det har alltid varit en väldig avslappnad stil i Kalifornien. Det fanns de som gick barfota året runt.

De heltäckande mattorna var ofta långhåriga shag-rugs (som ryamattor) som man dammsög och eller krattade med en lövkratta. När man valde en heltäckande matta valde man först vilken typ av mjukt sviktande underlag man ville ha under mattan. Det fanns olika grader av svikt och mjukhet. Därefter valde man mattan som lades ovanpå det mjuka underlaget. Det innebar att man satt på ett mjukt och behagligt golv för det mesta. Det gällde att dammsuga dessa mattor ordentligt och hade man otur kunde man bli bjuden till en slapp person som inte gillade att dammsuga och bara krattade mattan lite innan gästerna kom och dessutom hade fyra långhåriga persiska inomhuskatter. Då fastnade det mycket katthår på gästerna som satt på golvet. Definitivt inget för kattallergiker.

BEKVÄMA AMERIKANARE

Jag minns att det på 70-och 80talet bland kvinnor, fanns mycket av en gammaldags präktighet trots att de arbetade heltid på ett kontor. Det var ofta skryt hur många golv Eivor hade skurat innan hon gick till jobbet, hur många kilo köttfärs Lena hade gjort biffar och köttbullar på dagen innan och Ann-Marie redogjorde hur hon hade tagit ledigt dagen innan och "tagit hallen". Kvinnorna hade ena foten i det förflutna och de var inte riktigt frigjorda från hemmafruns plikter. Min mamma var enormt energisk och lagade mat till oss alla samtidigt som hon arbetade heltid som säljare.

När jag kom till Kalifornien blev jag jätteförvånad hur ovilliga amerikanarna var att laga riktig mat. De åt ofta ute och de använde halvfabrikat och var förbluffade när jag inte använde kakmix. Jag talade med en trevlig kille på bussen från universitetet som berättade att han bakat en tårta till sin flickvän på hennes födelsedag. Och hur bar han sig åt för att göra den tårtan (cake)? Först kakmix till tårtbottnarna, sedan öppnade han en burk med "frosting" som han smetade mellan bottnarna och ovanpå. Massor med kemikalier och konserveringsmedel i allt. Det var "tårtan".

Jag vägrade använda kakmix. Oj, han gör allt *"from scratch"!* sade många när jag berättade hur jag gjort min mat från grunden. Jag följde ju bara "Vår Kokbok" som mamma skickade med mig när jag åkte till USA för att studera. Inte märkvärdigare än så. Var det så mycket svårare att blanda samman socker, smör och ägg? Jag kände mig lite överlägsen i min präktighet men numera är vi svenska kanske lite mer som amerikanarna, betydligt bekvämare och mer avslappnade -- men nog inte helt. Jag tror vi har ett präktighetstryck kvar inom oss.

AMERIKANSK PAJ

Jag minns när jag gjorde pajer i USA. Om det är något som är amerikanskt så är det pajer. De har verkligen utvecklat pajen. Själv gillar jag egentligen inte pajdeg för att där ingår så mycket fett. Man borde kunna göra en paj utan allt det där fettet på något sätt.

Med tanke på allt pajätande där borde de veta exakt hur man gör den bästa pajdegen, men det är en svår sak för dem. *"Vad din pajdeg är frasig, det är så svårt att göra pajdeg"* sades det alltid. Men jag följde bara Vår Kokbok. Lätt som en plätt.

Det fanns en restaurang i San Diego som hette "The Chicken Pie Shop". De var kända för sin kycklingpaj och goda husmanskost till ett bra pris. Servitriserna hade nylonuniformer och slet som djur med betjäningen.

Dessert ingick i middagen och jag var alltid så imponerad när de rabblade upp dagens efterrättspajer, det var massor av pajer som tillagades på denna restaurang: *"Apple Pie, Boysenberry Pie, Coconut Cream Pie, Pecan Pie, Lemon Meringe Pie, Chocolate Cream Pie, Blueberry Pie, Pineapple Pie, Banana Cream Pie, Peach Pie, Pumpkin Pie, Butterscotch Pie, Boston Cream Pie och Cherry Pie".*

SNABBT FIXAT

Jag minns hur en äldre dam i San Diego brukade göra en kaka som hon var så stolt över för att det gick så fort. Man måste ju ta genvägar när resurserna tryter på gamledar resonerade hon mycket riktigt. Hon öppnade en burk med "Cherry Pie filling". Amerikanare som gillar pajer men inte alltid vill göra allt från början har tillgång till diverse pajfyllningar som köps på konservburkar (dessa pajfyllningar kan de hälla i pajskal som köps färdiga om det är för jobbigt att göra ett eget). Så burken med körsbärsfyllning öppnades och tömdes i en fyrkantig form. Därefter öppnades en kartong med sockerkaksmix som tömdes ovanpå. Sedan sköts allt in i ugnen. Detta kallades för "Dump Cake". Del blev en kaka som såg god ut och damen var belåten. Men herre jösses så supersött det blev. Nästan oätligt. Men det gick väldigt fort!

SWEDISH MEATBALLS

Jag minns alla recept på Swedish Meatballs som jag sett i diverse olika tidningar under åren. Jag undrar vem det är som komponerar sådana här recept. Det tycks inte vara någon som smakat svenska köttbullar. Oftast har de amerikanska recepten en ingrediens som jag aldrig stött på i svenska köttbullar, nämligen dill. Dill är ju en krydda som finns i det svenska köket men aldrig i köttbullar. Eller har jag fel?

ELEKTRISK KNIV?

Jag minns en Thanksgiving i Kalifornien. Mannen i huset skar upp kalkonen med en elektrisk kniv och mitt förnuftiga svenska jag reagerade genast mot denna excess. Så svårt är det väl inte att skära en kalkon? Måste man verkligen ha en elektrisk kniv? Larvigt tyckte jag. Vi svenskar brukar imitera amerikanare på många sätt, men en sak som vi inte tycks ha kopierat i någon större omfattning är elektriska knivar.

MIN MAMMA I FLORIDA

Jag minns hur energisk min mamma var. Hon hade tre syskon i Göteborg och fyra syskon i Florida som hon tyckte om att besöka, särskilt när hon hade tid som pensionär. Mamma lagade fantastiskt god mat och ställde upp för alla. När hon besökte släkten i USA hade familjen där ingen lust att laga mat utan de åt diverse cocktailtilltugg hemma och sedan gick de ut och åt på restaurang. Min mamma blev trött på alla cocktailtilltugg och bestämde sig för att här skall göras riktig husmanskost, kalops, sjömansbiff och annat. Det gick verkligen hem hos hennes syskon och deras ingifta. Alla saknade henne enormt när hon åkte hem.

När mamma fortfarande arbetade som säljare lagade hon La Sagne till hela den svensk-italienska föreningen i Göteborg. Hon frös ned i omgångar till sextio personer. Och vinet kånkades dit också med hjälp av hennes man. Märklig kvinna med enorm energi och ett kolossalt stort hjärta.

VARFÖR INTE PREDIKA?

Jag minns en liten lapp som låg någonstans längs vägen på väg hem från universitetet i San Diego. På lappen såg jag en bild på ett par, hon en blonderad och lite plufsig kvinna med en sliskig mörkhårig man bredvid sig. De såg inte särskilt trevliga ut någon av dem, men deras lapp inbjöd till predikan i en lokal i Hollywood. De sökte förmodligen anhängare i städerna längs Kaliforniens kust. Intresserad som jag var av allt amerikanskt så sparade jag på den lilla lappen och nu femtio år senare hittade jag den. Det var så typiskt vad detta paret höll på med. I Amerika kan vem som helst börja sin egen lilla religiösa rörelse och söka medlemmar med förhoppningen att bli kända predikanter och sedan börja dra in stora kollekter.

På TV var det gott om personligheter som vuxit sig stora med predikningar och uppmaningar om att skänka pengar. Vid ett tillfälle råkade jag se en vädjan att köpa en speciell bibel med en röd plastskiva som låg instucken i bibeln. Predikanten hojtade och viftade med den där röda plastskivan som ingick i (det höga) priset för bibeln. Den representerade *"the blood of the lamb"*, syndernas förlåtelse. Den röda plastskivan var en påminnelse att vi alla var syndiga och behövde renas med lammets blod. Det fanns mycket sådana predikanter på förmiddagarna på amerikansk TV. Det var mycket tal om pengar.

Med Google kunde jag femtio år senare få reda på om det religiösa paret fortfarande levde och om de "lyckats" eller inte. Paret var relativt framgångsrika och deras kristna stiftelse hade som mest några tusen anhängare. Kvinnan dog relativt ung av cancer och mannen fick ett långt straff för månggifte med kvinnor i varierande åldrar inklusive barn. Han dog i fängelse 82 år gammal.

BILLIGT I LONDON

Jag minns hur låga priserna var i engelska livsmedelsaffärer på 80-talet. Då, innan vi var med i EU, var matpriserna i stort sett hälften av vad de var i Sverige. Det låter otroligt, men så var det.

TEATER I LONDON

Jag minns när teatrarna i London på 80-talet fortfarande var subventionerade. Då var det billigt med även de bästa biljetterna på parkett. Jag minns många vistelser där med maximal konsumtion av världens bästa teaterföreställningar med världens bästa skådespelare. Det gick att klämma in en matinéföreställning på dagen och en föreställning på kvällen och en film däremellan. Det var en sport att få se så mycket som möjligt under tio dagar. Teatrar och biografer låg ju så nära varandra i The West End. Riktig binge-watching. Det var tider det!

TILL SIST

Jag tycker att vi borde lära av de värderingar som rådde på 1950-talet. Då hushållade vi med våra resurser. Barn fick ta över släktingars kläder. Skor behölls mycket längre och sulades om. Vi använde tvättlappar och slösade inte med vattnet. Kläder och mycket av det vi konsumerade tillverkades i Sverige. Vi betalade vad det faktiskt kostade när arbetare i Sverige, anslutna till fackföreningar utförde arbetet.

Globaliseringen har fullkomligt förvridit våra sinnen. Anonym utländsk arbetskraft framställer varor för en spottstyver, ibland under omständigheter som vi aldrig skulle acceptera. Det sker långt borta och ibland utan insyn för de som vill granska arbetsförhållandena. Det enda vi tycks (vilja?) se är de låga priserna. Vi frestas att konsumera mycket mer än vi egentligen behöver och vår konsumtionsfrossa slukar kopiösa mängder av jordens resurser. Plötsligt en sommar håller hela Sverige på att torka ut och stora arealer brinner upp och många får sig en tankeställare. FNs rapport om klimatet är också en kraftig varningsklocka.

Då tänker jag på tant Ingeborg (som kom till oss och strök tvätt på femtiotalet) som verkligen inte hade någon stor inkomst och levde sparsamt och förnuftigt. Jag undrar vad hon skulle ha sagt om hur vi överkonsumerar och slösar med jordens resurser idag. Hon bodde enkelt i en omodern etta i Landala med utedass på gården. Ändå försörjde tant Ingeborg och hennes syskon två bröder som av någon anledning inte kunde arbeta. Det fanns inget socialt skyddsnät då, så de hjälptes åt.

Mamma försökte förmå tant Ingeborg att ta mer betalt. Dagens förmögna människor som är förmögnare än de någonsin varit och som samlar på bostäder världen över, skulle förmodligen inte ha mycket förståelse för tant Ingeborg som bara ville ha tio kronor för en dags strykning. Men det var precis vad tant Ingeborg ville ha, det gick inte att påverka henne. Det hade att göra med hennes principer och integritet. Hon kom till oss för att hon tyckte det var roligt och kanske för att mamma lagade hennes älsklingsrätt, kokt torskhuvud, enbart för henne. Tant Ingeborg var kanske rädd för att ta för sig mer än vad hon ansåg vara rätt. Hon varnade nämligen ofta: *"Frossare och drinkare skola fattiga varda"*. Och det var på femtiotalet innan vi hade påbörjat vår konsumtionsbesatthet som tog sin fart på sextiotalet och kulminerade med globaliseringen.

Utan minnen kan vi knappast lära av våra misstag i nuet eller i det förgångna. Mina minnen av tant Ingeborg är guld värda. Det är alltid ett kärt återseende att se tant Ingeborg med sin fasta integritet vid strykbordet. Där står hon så trygg och belåten.

"Hej, tant Ingeborg, jag saknar dig!"

Leif Södergren

More from
LEMONGULCHBOOKS
by Donovan O'Malley

LEMON GULCH
The Comic Cult Classic
2010, 2014

**THE IMPORTANCE OF
HAVING SPUNK**
A comic novel with a twist
to the battle of the sexes,
and a nod to Oscar Wilde
2010

THE JIMMY JONES SKANDAL
A humorous bedtime story
for grown-ups
Illustrated by the author
2010

**THE FANTASTICAL MYSTERY
OF RITTERHOUSE FAY**
A London tale
2011

**WOMEN WHO LOVE
& OTHER STORIES**
2014

THE DELILAH CHRONICLES
The comic adventures of a 39-year-old
London divorcée doing it her way
2015

OUR YANK
An American student
comes of age in Oxford during
the Cuban Missile Crisis of 1962
2011, 2018

www.lemongulchbooks.com

www.ingramcontent.com/pod-product-compliance
Lightning Source LLC
Chambersburg PA
CBHW032120040426
42449CB00005B/202